全世界都在玩的
智力遊戲

上

腦力&創意工作室◎編著

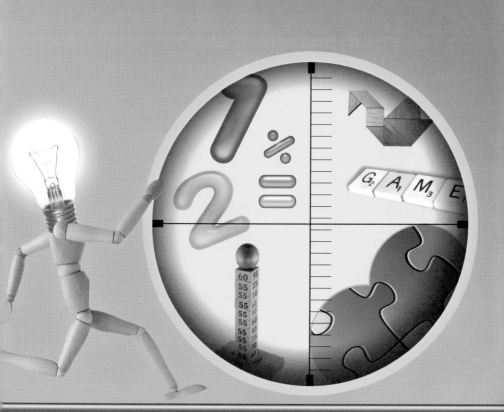

前 言

偉大的教育家孔子說過：「學而不思則罔，思而不學則殆。」指出了思考的重要性。世界物理學家霍金也說過：「不能做出正確的判斷，就無法得出正確的結論。」無論孔子所說的「思」，還是霍金所說的「判斷」，都可以歸為一點——思維。

所以，必要的思維鍛鍊，是培養一個人智慧的必修功課。而《全世界都在玩的智力遊戲》（上・下冊），可以為你開啟一段非凡的大腦冒險之旅，經歷一場前所未有的思維革命。這些精挑細選、構思精巧、引人入勝的285個智力遊戲，可以幫助你用最有趣的方式玩出新鮮創意，突破思維定勢，點燃智慧火花，使智力全面升級！在遊戲與挑戰之間，既能讓你蹙眉、凝神，又能讓你會心一笑，在有意無意中提升創新能力。

一顆蘋果落地蘊含著萬有引力的宇宙玄機，一個電光火石般迸濺出的點子可以改變人的命運。本書幾乎涵蓋了現代智力遊戲的大部分門類，體例完備，案例豐富，涵蓋面廣，包括發散思維遊戲、數學計算遊戲、幾何圖形遊戲、語言和數字遊戲、邏輯推理遊戲、偵探懸疑遊戲、趣味另類遊戲和腦力數獨遊戲等八大類。編著者從思維訓練的角度出

發，博取百家之長，對每一類智力遊戲都進行了精心的選擇和設計，力求做到每個遊戲都有它的代表性和獨創性，生動有趣，難易有度，老少皆宜，各個年齡層、不同智力水準的天才們，都能在此找到適合自己的題目。

在書中你可以破解所羅門王的智慧和微軟公司的超級難題；可以為海盜分金，幫牛頓解開謎底。《水滸傳》裡的王婆在開茶館之前是賣西瓜的，在她的西瓜攤前有一個奇怪的告示，這個告示無人能解，你不妨一試。阿里巴巴遇到難纏的財主，他會運用怎樣的智慧，來走出邏輯陷阱呢？……書中一個個充滿懸疑的益智小故事，蘊含著豐富多彩的思維智慧，能讓你在伏案之餘、賴床之後，享受有益的思維美味。

本書的另一個特點就是圖文並茂。題目、內容和難度設置均經過嚴格把關，形式卻十分輕鬆活潑。一幅幅精心繪製的插圖，可以彌補傳統智力題嚴肅有餘、活潑不足的缺點，讓你在輕鬆中增長智慧，遊戲中開拓思維視野。

親愛的讀者們，讓我們一起打開這本超級天才的成長魔法書，來玩轉智慧吧！

第一章　發散思維遊戲

第二章　數學計算遊戲

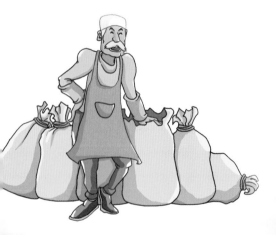

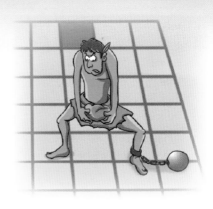

IQ180

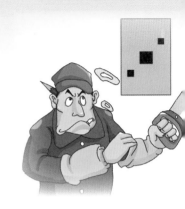

第三章　幾何圖形遊戲

第四章　語言和數字遊戲

解答

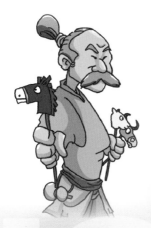

1

第一章
發散思維遊戲

1・死囚犯的選擇

難度 ★★　　　　所用的時間（　）秒　　　　答案見（140）頁

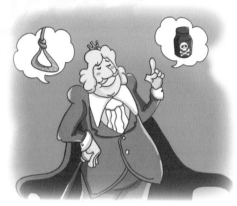

　　國王路易十六要處決一名死囚犯，他故作姿態，裝出慈悲的樣子說道：「這個新發明的斬首機，很多人都很害怕。我允許你自由選擇死刑的方式。比如絞刑、毒藥、投河、跳崖等等。」

　　死囚犯十分聰明，說道：「您允許我在您列出的方式之外，選擇死亡方式嗎？」

　　「當然，只要你願意。」路易十六大度地說道。在他看來，這個死囚犯無論怎樣選擇都難逃一死。

　　「尊敬的陛下，您保證尊重我的選擇嗎？」死囚犯語調顫抖。

　　「對著全能的主發誓，我尊重你的選擇。」

　　「我可以將死亡的方法寫在紙上嗎？」

　　「當然可以。」路易十六滿懷興致的讓侍從拿來紙筆，看這個死囚犯要選擇怎樣新奇的死亡方式。然而，當他看了死囚犯所寫的死亡方式後，臉色大變，揮揮手讓士兵將他帶下去了。從此以後，路易十六再也沒有下令將他處決。

　　你知道那個死囚犯選擇了怎樣的死亡方式嗎？

2 · 加勒比海海域中的無聲爭鬥

難度 ★★★★★ 　　　所用的時間（ ）秒 　　　答案見（140）頁

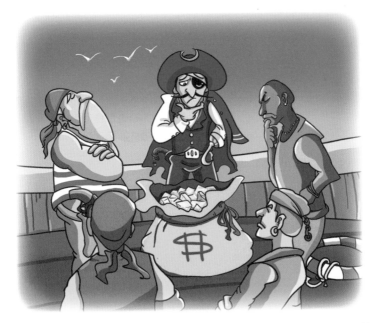

　　遊輪上，五名被國際刑警組織長年通緝的超級海盜，聯手搶劫了100枚非洲鑽石之後，兄弟般的情誼在瑰麗的鑽石面前瞬間瓦解。分贓，或許是強盜們最嚮往也最頭疼的事情了，五名海盜面臨著內訌、詭計和暗殺。這些精美絕倫的名貴美鑽，吸走了每個海盜的魂魄。儘管他們知道，分到其中的任何一枚，都足以讓他們過上帝王般的生活。但是，貪婪之心令他們窒息，每個人都希望得到比他人更多的贓物。

　　「我提議抽籤來決定我們每個人的序號，排在第一號的兄弟提出自己的分派方案。他的方案，必須超過半數人同意，否則他就永遠失去得到鑽石的可能，並將被扔到大海餵鯊魚！如果1號被扔進了大海，則由2號進行分派，依此類推。」大頭目傑克語調陰冷，他臉頰上的刀疤，不由自主地跳動了幾下：「大家看怎樣？」

　　海盜們最終同意了傑克的提議，抽籤排列出了序號，傑克抓到了序號為1的紙團。他深褐色的眼睛，在眼眶中轉動，凝神開始了思索。傑

克在深思：我應該提出一個怎樣的方案，使自己的收益最大化（盡可能多的分到贓物），又不至於葬身海底呢？一個多小時後，傑克公佈了自己的分派方案，得到了包括他在內的三個人的同意。

　　就這樣，這場在加勒比海海域持續了兩天兩夜的分贓爭鬥，以傑克勝利而告終。

　　你能猜出傑克的分派方案嗎？

【提示】
這五名海盜，都是智商相當高的人，而且冷靜、理智，否則國際刑警組織也不會多年對他們束手無策。他們知道，只有保住自身性命、盡量多殺其他海盜，自己才能分得最多鑽石。他們的分贓原則必須保證以下三點：
①保命。當超過半數的人認同分派方案的時候，才有可能保住性命。
②盡量多得寶石。
③盡量多殺人。

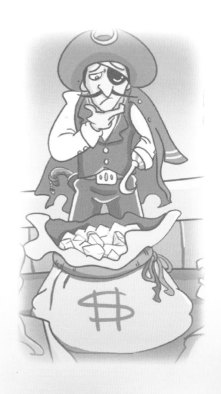

3·老人打來的急救電話

難度 ★★★　　　所用的時間（　）秒　　　答案見（141）頁

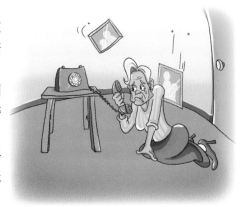

紐約市民科尼斯女士，年邁、獨居。這天她突然在家中跌倒在地，腦袋碰到牆壁，她頓時感到昏昏沉沉。她拼命爬到電話機旁，看到了電話機旁邊的紐約中央警局的電話號碼，撥了過去。警局的值班員馬森接到了科尼斯女士的電話：「喂，紐約中央警局，您是哪位？」

科尼斯處在半昏迷狀態，她無法回答馬森的問話。馬森從聽筒聽到科尼斯艱難地喘息，他初步判斷電話那端的老人處境危險，他焦急地再次詢問：「請趕快告訴我您所處的位置！我們會立即派人救您，請您耐心等待。」

「我在第四街區，我快不行了，快來救我！」科尼斯女士的聲音微弱，時斷時續。

「您的門牌號碼？」馬森再次追問。

「我記不清了……靠近馬路……燈太亮，我受不了了……」電話那端沒有了聲音，科尼斯女士昏迷了過去，電話垂在地板上。馬森能從電話聽筒中聽見大街上汽車駛過的聲音。

第四街區一共五條大街，八條小街。沒有具體位置，該怎樣營救？馬森看著電話聽筒，突然靈機一動。他沒有掛斷電話，而是將電話放在桌子上，即刻分派了任務。不一會兒，幾輛警車駛向了第四街區。一個小時後，警員找到了科尼斯的家，將昏迷中的科尼斯送進了醫院。

你知道警員們是怎樣找到科尼斯家的嗎？

4‧希律王制訂的生死規則

難度 ★★★★　　　所用的時間（　）秒　　　答案見（142）頁

　　這個思維遊戲，對現代人而言或許不是很難，但是在西元前40年的古羅馬統治的加利利和猶太地區，這道題卻能決定很多死囚犯的生死。

　　希律王受古羅馬皇帝的委派，統治加利利和猶太地區。他嗜殺成性，經常將那些死囚犯戲弄、侮辱一番，然後處死。他經常讓兩個犯人玩一種名叫棋盤逃生的遊戲，誰贏了，可以放生；誰輸了，就要被處死。希律王制訂的生死規則如下：

　　將一個石子放在格子裡面的任何一個地方（比如紅色方格內），讓兩個死囚犯輪流將石子從一個方格挪動到另一個方格（或者多個方格），可以向左平行移動、向下垂直移動，但不允許在兩個或者幾個方格之間按照對角線方向移動。誰先將石子挪到標註「END」的方格中，誰就可以免除死刑。

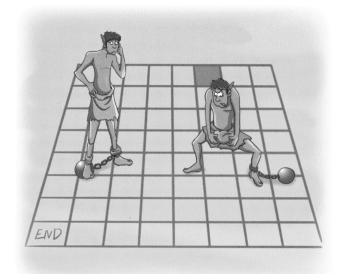

　　假如讓你先移動石子，你怎樣移動，才能獲勝呢？

5 · 生死門

難度 ★★★　　　　所用的時間（　）秒　　　　答案見（142）頁

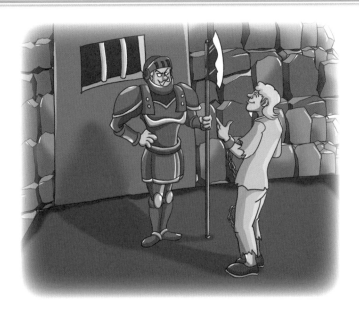

　　地中海古國有一位國王，逮捕了一名江洋大盜。這天，國王對囚犯說：「聽說你智慧過人，我給你一次求生的機會。大牢門口有兩名衛兵，其中一個只說真話，另一個只說假話。這兩個人一個守衛生門，一個守衛死門。只允許你問其中一個人一句話，假如你能找到生門，我就放了你，否則只有一死！」

　　囚犯沉思了一會兒，走到大牢門前，問了一句話，守衛將他從生門放了出來。你知道死囚犯是怎麼問的嗎？

6 · 海難中的選擇

難度 ★★★★　　　所用的時間（　）秒　　　答案見（143）頁

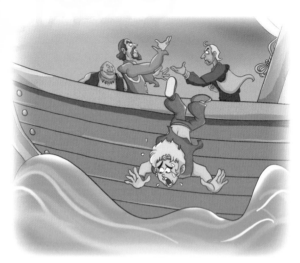

　　一艘通航的商船上共有船員30人，15個希臘人和15個波斯人。船長由強壯而且性情粗暴的波斯人擔任。出航時間不久，商船遇到了風暴，遭到了嚴重損壞。船長表示，只有減少一半船員，才能拯救這艘商船，否則船上的人一個也別想活命。

　　船長讓所有的船員站成一圈，由他依照順序點名，每當數到第9名船員的時候，該船員就要被扔下大海，以此循環，直到減掉15名船員。

　　所有的船員經歷了這場生死遊戲，奇怪的是，被扔下海裡的全是希臘人，沒有一個波斯人。

　　你知道船長是怎麼將船員進行排列的嗎？

7・要命的椰子

難度 ★★★★★　　　所用的時間（　）秒　　　答案見（143）頁

　　熱帶海島的沙灘上排列著100顆椰子，由兩個奴隸輪流拿椰子裝入口袋，能拿到第100顆椰子的奴隸可以避免殺頭。

　　條件是：每次拿椰子的人至少要拿1顆，但最多不能超過5顆。

　　問：如果你是最先拿椰子的人，你該拿幾顆？以後怎麼拿就能保證你能得到第100顆椰子？

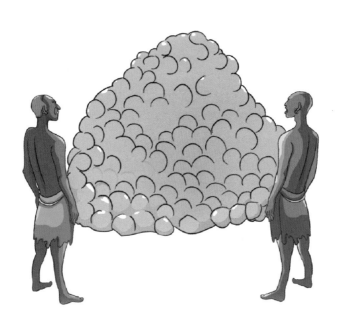

8・牧師與野蠻人

難度 ★★　　　所用的時間（　）秒　　　答案見（143）頁

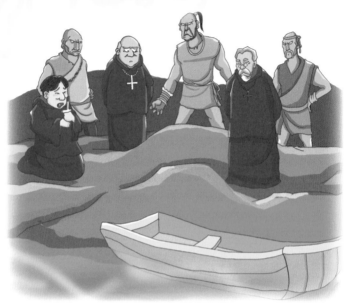

　　三名牧師和三個野蠻人同時渡河，渡口上只有一條可容兩人的小船，他們必須全部到對岸去。在渡河的過程中，河兩岸隨時都要保持牧師的人數不少於野蠻人的人數，否則野蠻人就會把處於少數的牧師吃掉。

　　請問，這六個人怎樣才能安全渡過去呢？

19

9·洪水來臨之前

難度 ★★★　　　所用的時間（　）秒　　　答案見（143）頁

　　四名特警隊員在山林中，押解著一個逃犯往回走，當他們走到一個小木橋旁邊的時候，天色已經黑了下來，特警隊員打開了僅有的一支手電筒。

　　按照電台的災難預警播報：三十分鐘後極有可能山洪爆發，這座橋就會被沖毀，他們一行五人，必將無限期被困在大山裡。

　　目前的情況是：

　　A是輕裝的特警隊員，通過這座橋需要1分鐘；

　　B背著無法卸下的通訊設施，通過這座橋需要3分鐘；

　　C在追捕中腿腳受傷，通過這座橋需要6分鐘；

　　D在追捕中腿腳受傷，通過這座橋需要8分鐘；

　　E是逃犯，受傷最重，通過這座橋需要12分鐘；

　　他們的體力消耗很大，誰也無法背著任何人過橋；這個小木橋一次僅能承載兩人，而且必須藉助亮光才能通行。

　　請你啟動腦筋想一想，這些人該如何過橋，才不至於被山洪圍困呢？

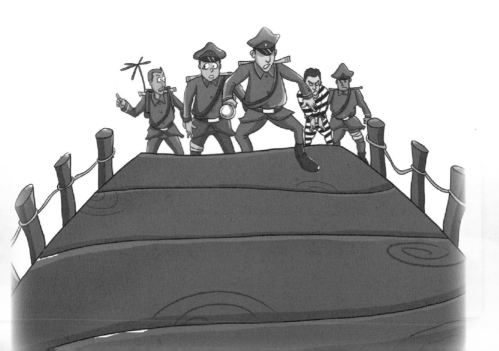

10·暴風雨之夜

這是紐約市區歷史上最大的暴風雨。

所有的公車和地鐵都停駛了，大面積停電。戴維斯開汽車，在暴雨中艱難行進。他經過一個車站，看見三個女人正在焦急地等公共汽車。

「不用等了，公車停駛了！」戴維斯透過車窗對三個女人大聲提醒。藉著車燈的亮光，他看見其中一個是市裡醫院的著名外科醫生，這名外科醫生曾經救過他的性命，他做夢都想報答他。女醫生從車窗外認出了戴維斯，向他哀求：「你是戴維斯嗎？請你幫幫我，醫院有一位病人等著急救，我要是去晚了，那人就沒命了！」

另一個妙齡女郎令戴維斯心口一顫，正是他做夢都想娶到的萊琳小姐——這可是一次千載難逢的好機會。妙齡女郎看到戴維斯，就像遇到了救命恩人：「戴維斯，帶我走吧！我害怕這樣的暴風雨，我實在受不了了！」

這時，戴維斯突然看見第三名女士，白髮蒼蒼，臉色灰白地靠在車站的牆壁上，顫巍巍地伸著手向戴維斯哀求：「救救我吧！好心人，我快不行了，附近就是醫院……」

戴維斯感到十分為難，因為他的車上僅能容納一個人。聰明的他終

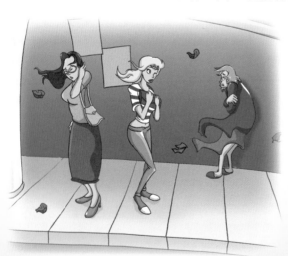

於想到了一套完美的方案，救助了垂危的老人，讓醫生準時到達醫院給病人進行了手術，還贏得了姑娘的芳心。你能猜出戴維斯是怎麼做的嗎？

11·奇異國的電梯

難度 ★★★★　　　所用的時間（　）秒　　　答案見（144）頁

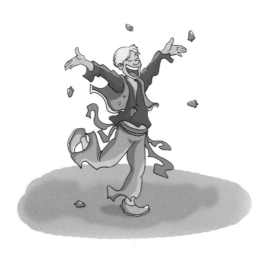

　　奇異國的一切東西，都那麼神奇，就連電梯也充滿了奇異的色彩。

　　奇異國裡有一部電梯，只有「上樓」和「下樓」兩個按鈕。「上樓」按鈕可以將乘客帶上八個樓層；「下樓」按鈕可以讓乘客下降十一個樓層。如果樓層數量不夠，則電梯會原地不動。比如一幢十九層高的大樓，電梯從第一層開始運行，運行了兩次到了第十六層。如果想上第十九層，因為從十六層到第十九層不夠八層了，所以電梯就停在十六層，即便你費多大的力氣按上樓的按鈕，電梯也不會上升。

　　奇異國的高樓一共有十九層，國王在每層的電梯口放置一個奇異果，將抓來的無辜人送進電梯，讓他們將十九個奇異果都撿到一起送到樓下，這樣才能免除一死。許多人都沒有辦法透過電梯走遍所有樓層，結果被國王殺害了。

　　奇異國有一個聰明人，經過思考破解了國王的這道難題，成功地將十九個奇異果全撿了下來。

　　這座樓各層之間只有電梯相連，沒有步行的樓梯。你知道這個聰明人是怎樣透過電梯到達各層樓的嗎？

12．老鼠的死亡賽道

難度 ★★　　　所用的時間（　）秒　　　答案見（144）頁

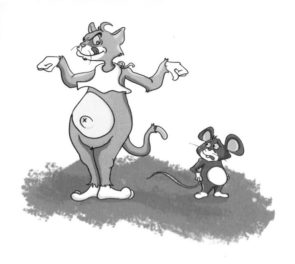

　　一隻貓和一隻老鼠進行10公尺直線往返跑比賽，貓獲勝就會吃掉老鼠，老鼠獲勝就可以成功逃生。貓每一次跳躍的長度是30公分，老鼠僅為20公分，但是貓跳2次的時間老鼠可以跳3次。那麼，老鼠和貓誰將獲勝？

13 · 火海逃生

難度 ★★★★　　　所用的時間（　）秒　　　答案見（145）頁

　　科學家約翰發明了一種火災逃生器，他在滑輪兩邊用繩索吊著兩個大籃子，一個籃子放下去的時候，另一個籃子會升上來，如果在其中的一個籃子裡放一件東西做為平衡物，則另一個較重的物體就可以放在另外的籃子裡往下送。

　　一家旅館安裝了這種設備。如果一個籃子空著，另一個籃子放的東西不超過15公斤，那麼籃子就可以順利下降。如果兩個籃子都放著重物，則它們的重量之差不得超過15公斤。

　　一天夜裡，旅館突然發生了火災，除了守夜人湯姆一家困在樓上之外，其餘的人全都安全脫險了。已知湯姆體重45公斤，他的胖老婆瑪麗重105公斤，女兒安娜15公斤，寵物狗30公斤。每個籃子都足夠容納三個人和一隻狗，但別的東西都不能放在籃子裡。不論升或降，只有湯姆、瑪麗、安娜和狗可以進入籃子，安娜和狗如果沒有守夜人和他老婆的幫助，自己不能爬進或爬出籃子。

　　那麼，用什麼辦法能盡快讓他們安全逃生呢？

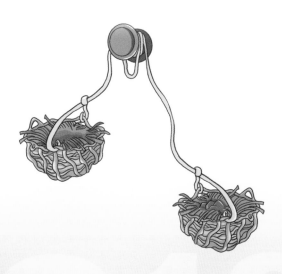

14．通緝犯過橋

難度 ★★　　　　所用的時間（　）秒　　　　答案見（145）頁

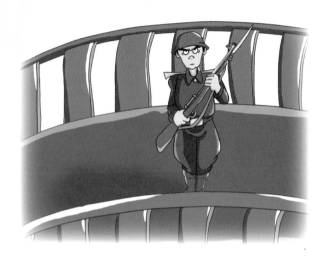

　　甲乙兩個國家，中間隔著一條河，河上是一座鋼構大橋。在橋中間，有一個哨卡，士兵日夜看守，防止兩國國民偷偷越境。自哨卡建成以來，沒人從橋上越過國境線，所以士兵們的看守也就鬆懈了。按照規定，允許士兵們離開觀望哨八分鐘。所以，哨卡內士兵通常會每隔八分鐘在觀察窗向外觀察一次。如遇見過橋的行人，即刻嚴令警告，勒令返回。

　　正常情況下，快速通過這座橋需要十分鐘。尼森是甲國的一個政治流亡犯，因政見不合長期受到該國政府的通緝，他試圖過橋越境，以求自保。這天，他成功通過了國境橋，脫離了險境。

　　你知道他是怎麼過去的嗎？

15 · 如何擺渡？

難度 ★★★★　　　所用的時間（　）秒　　　答案見（145）頁

威爾先生與妻子和兩對夫婦從風景區返回時需要乘小船過河，小船

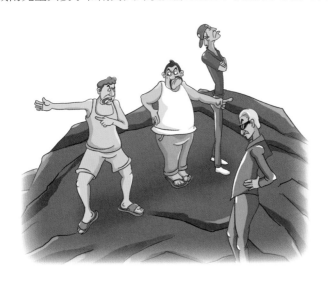

一次只能載兩個人。女士們都不會划船，威爾先生碰巧又與其他兩位男士發生了爭執，導致他的妻子也與其他兩位女士不合。威爾先生堅決不與另外兩位男士一起乘船過河，他的夫人也堅決不與另外兩位女士一起乘船過河。現在，先生們必須設法讓大家都能乘船過河，要求任何有衝突的兩個人不能同乘一條船，也不能同時待在河的一邊，另外，任何一位男士不能同時和兩位女士待在河的一邊。那麼，用這艘小船把他們所有人都擺渡過河至少需要多少次？

如果只動腦子思考而不藉助於畫圖，是很難得出答案的，你最好還是拿出紙和筆來解答這個有趣的問題。

2

第二章
數學計算遊戲

1·豆腐西施的精湛刀法

難度 ★★　　　所用的時間（　）秒　　　答案見（147）頁

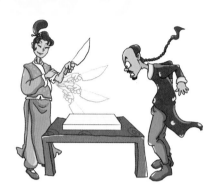

　　清朝中期，北京城內有一個賣豆腐的姑娘，長的清秀可人，人稱「豆腐西施」。

　　一天，「豆腐西施」剛剛將一板新鮮的豆腐放在櫃檯上，驍騎營大將軍都爾善來到了這裡，他是八旗貴族，垂涎「豆腐西施」的美貌已久，多次派人前去遊說，都被拒絕。今天，都爾善按捺不住心性，仗著酒性要將「豆腐西施」強行搶走。

　　「豆腐西施」不慌不忙地說：「小女自幼隨家父賣豆腐，練了一手切豆腐的刀法，不堪在將軍面前獻醜。我要在這豆腐上面切幾刀，將軍看清楚了。」說罷，拿起刀，但見一團白光閃來閃去，一炷香的工夫，一板豆腐上面，縱橫交叉畫了無數條刀痕。

　　「請問將軍，小女剛才切了多少刀？」都爾善從來沒有見過這麼迅捷的刀法，早已經嚇得目瞪口呆，剛才他一片忙亂，根本沒有看清楚豆腐西施到底切了幾刀。

　　「豆腐西施」見狀，冷笑了一聲：「小女剛才一共切了1999刀，再問將軍，我這1999刀，將豆腐切成了多少塊？答得出來，我今天隨你而去，答不出來，小女可就恕難從命了！」

　　都爾善知道今天遇到了世外高人，打了個哈哈，帶著眾人訕訕離去。

　　你知道豆腐西施的1999刀，將豆腐切成了多少塊嗎？

2 · 秤金幣

難度 ★★★★★　　　所用的時間（　）秒　　　答案見（147）頁

　　大多數偽造硬幣謎題中，使用的都是有兩個托盤的天平。但在本題中，這個天平只有一個托盤。

　　現在給你三大袋金幣，每一袋金幣的具體數量都在10個以上。其中一袋全部都是偽造的金幣，每個假幣重55克；另外兩袋則全是真的金幣，每個重50克。

　　如果要找出那袋假幣，你最少要操作多少次才行？

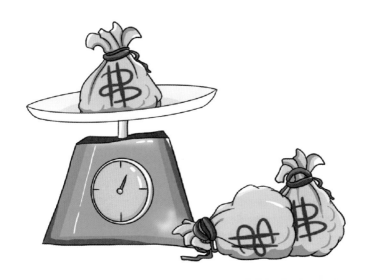

3・海島上的榮譽航行

難度 ★★★　　　所用的時間（　）秒　　　答案見（147）頁

　　某島國剛剛研製成功了一艘艦艇。島國總統想用艦艇來一次環島旅行。擺在總統面前的難題是：新艦艇燃燒消耗量巨大，上面的木柴僅僅能維持二十四小時的燃燒，航行里程是120海里。而島國的周長遠遠不只120海里。所以這次航行對總統而言是一次榮譽之旅，而對海軍大臣來說，則是一場頭痛之旅。

　　海軍大臣請當地的數學家和巫師，實地測量了一下島國的周長，然後設計出了成功航行的方案。他用兩艘炮艦為新艦艇添加燃料，每艘新艦艇所裝載的燃料能燃燒八小時，炮艦和新艦艇的航速一樣。這樣，總統先生成功圓滿的完成了他的榮譽之旅。

　　你知道小島的周長是多少嗎？

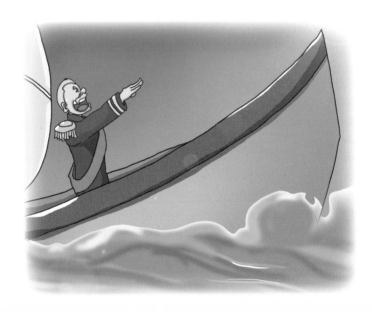

4·瓊斯太太家的保險箱密碼

難度 ★★　　　　所用的時間（　）秒　　　　答案見（148）頁

瓊斯太太家裡的保險箱最近新換了密碼，新密碼有以下幾個特點：

第一，和原來的密碼一樣，新密碼也是四位數。

第二，新密碼是舊密碼的四倍。

第三，新密碼正好是原來密碼的倒寫。

基於上述三個特點，瓊斯太太一下子就將新密碼記牢了。你能根據這三個特點，推斷出瓊斯太太家保險箱的新密碼是多少嗎？

5・牛頓的謎題

難度 ★★★★★　　　所用的時間（　）秒　　　答案見（148）頁

　　這是牛頓想出來的數學謎題，2英畝的牧場裡若放牧了9頭牛，第16天牧草就會被吃光。而在3英畝的牧場裡放牧18頭牛的話，第10天牧草就會被吃完。

　　那麼在5英畝的牧場裡放牧35頭牛的話，吃完牧草要花幾天呢？

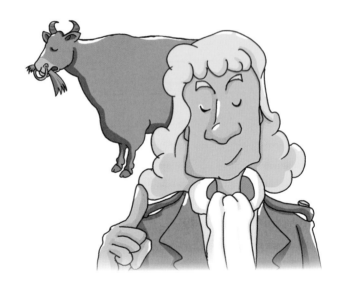

6．陶淵明的菊花

難度 ★★　　　　所用的時間（　）秒　　　　答案見（149）頁

陶淵明在南山之下種了很多菊花，菊花開花的時候，第一天開一朵，第二天開兩朵，第三天開四朵，第四天開八朵，一共開了七七四十九天，菊花全開了。

你知道菊花開到一半的時候，是第幾天嗎？

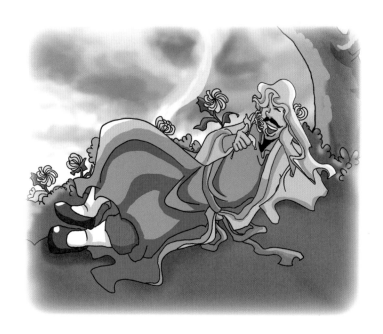

7・遊戲亞軍的成績

難度 ★★　　　所用的時間（　）秒　　　答案見（149）頁

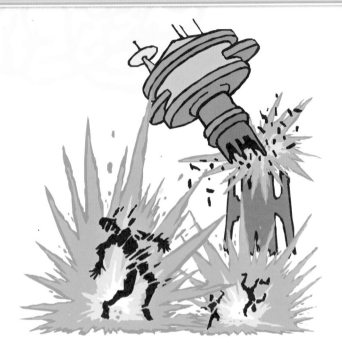

　　在一次電子遊戲對抗賽中，選手高峰獲得了亞軍。

　　遊戲一共三十關，成功破解一關獲得四分。棄權一關得零分，關口破解錯誤倒扣一分。高峰根據自己獲得的分數（超過了50分），立刻判斷出了自己成功過了幾關。根據上面的情況，你能判斷出高峰得了幾分，成功破解了幾關、棄權了幾關、錯誤破解了幾關嗎？

8 · 紅與黑

難度 ★★★　　　所用的時間（　）秒　　　答案見（149）頁

　　一名駭客和一名防毒專家在進行生死決戰。

　　「我現在的電腦病毒，一秒鐘可以分裂兩個，再一秒鐘，兩個可以分裂成四個，一分鐘內，我的電腦病毒停止分裂，全部侵入你公司的電腦，哈哈。假如一分鐘之內你不能完全殺滅這些病毒的話，你公司的電腦將全部癱瘓！」駭客說道。

　　防毒專家是某公司的電腦工程師，他毫不示弱：「我可以隨時殺滅你的蠕蟲！」

　　「哈哈，等你發現了病毒再進行殺滅，至少需要三秒鐘的時間，我的蠕蟲早已經分裂成八個了。我知道你現在的殺毒軟體，一秒鐘內只能殺滅兩個蠕蟲，你始終滯後，怎麼對付我！」

　　駭客哪裡知道，防毒專家早已經將防毒軟體做了升級改進，可以一開始殺滅16個電腦病毒，第二秒殺滅32個，第三秒殺滅64個，依此類推。

　　防毒專家多少時間能殺滅駭客散佈一分鐘的電腦病毒呢？

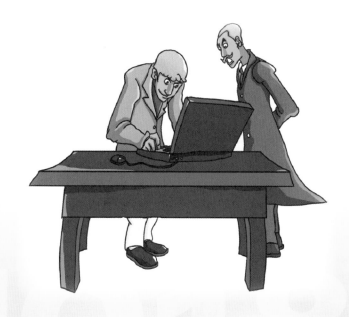

9．史密斯夫人的難題

　　史密斯夫人將和她即將出生的孩子一起分享她丈夫遺留下來的3500元遺產。如果生的是兒子，那麼，按照當地的法律，做母親的應分得兒子所得的一半；如果生的是女兒，做母親的就應分得女兒所得的兩倍。可是發生的事情是，生了一對雙胞胎——一男一女。

　　按照法律要求分配遺產，史密斯夫人應分得多少呢？

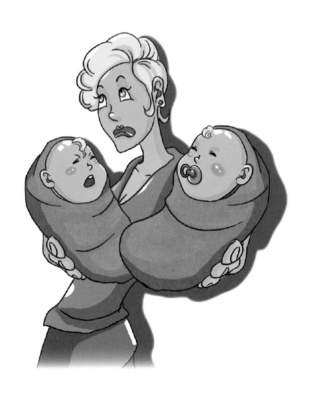

10 · 主持人的神奇速算

難度 ★★★　　　所用的時間（　）秒　　　答案見（149）頁

　　某電視台主持人正在舉行一檔益智節目。主持人隨機點了兩名觀眾，讓其中一人做監督，其中一人隨便寫了兩個數字，兩個數字相加得到第三個數字，將第二第三個數字相加得到第四個數字；將第三第四個數字相加得到第五個數字，依此類推，寫到第十個數字為止。觀眾寫下的數字是：

$$7 \cdot 4 \cdot 11 \cdot 15 \cdot 26 \cdot 41 \cdot 67 \cdot 108 \cdot 175 \cdot 283 \text{。}$$

　　然後，主持人看了一下觀眾寫的十個數字，說道：「這十個數相加的總和是737。」

　　觀眾席上有人竊竊私語，有人說這是事先安排好的。主持人高聲說道：「哪位有疑問的朋友願意再試一試？」接二連三有好幾個觀眾走上前，主持人屢試不爽。

　　原來，這裡面有一個小技巧，只要你掌握了這個小技巧，你就能在朋友們面前表演這套數學魔術，大出風頭。你知道這裡面的秘密嗎？

11 · 巫婆的金幣

難度 ★★　　　所用的時間（　）秒　　　答案見（149）頁

　　女巫瑪利在山間小路上，要去附近小鎮，給當地的貴族驅鬼治病，她一邊走一邊自得地自言自語：「走走走，遊遊遊，不學無術我不發愁。逢人不說真心話，全憑三寸爛舌頭……」

　　小鎮還算繁華，店舖林立，行人絡繹不絕。一個七、八歲的小孩從家裡偷偷拿了兩枚銀幣，走在大街上，銀幣從口袋裡掉了出來，被女巫看見了，想佔為己有。她欺負孩子小，將銀幣撿起來，說是自己的，小孩子也不示弱，堅持銀幣是自己的，兩人的爭吵引來了很多人圍觀。女巫騎虎難下，她靈機一動：「既然你說銀幣是你的，那麼我就出一道題，答得出來，銀幣歸你，答不上來，銀幣就是我的。」

　　圍觀的人們紛紛指責女巫故意刁難小孩子，沒想到小孩應允了女巫的條件。女巫見狀大喜，她陰陽怪氣地說道：「我身上有好幾塊金幣，一半的一半的一半比一半的一半少半個，你要是猜出我有幾塊金幣，金幣和這兩枚銀幣都歸你；否則銀幣歸我。」

　　令女巫沒想到的是，這個小孩是全鎮有名的數學神童，他不一會兒就說出了正確答案，女巫只好沮喪地將自己的金幣和小孩的銀幣全給了小孩。

　　女巫身上有幾枚金幣，你能算得出來嗎？

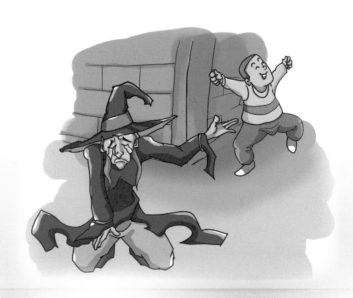

12 · 逃犯分私鹽

難度 ★★★　　　所用的時間（　）秒　　　答案見（150）頁

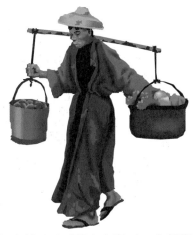

　　清朝初期，兩個私鹽販子冒死從山東販了一車私鹽，重約140斤。為了躲避官府追捕，他們晝夜不停地從山東趕往河北地界。到了河北地界之後，兩人開始分鹽。按照事先約定，一個人分50斤，另一個人分90斤，分完之後各奔東西，等風聲過去了再遊走銷售。

　　可是，兩人身邊只有兩個7斤重和2斤重的秤砣，秤桿在行走過程中滑落了，這鹽可怎麼分呢？他們又不敢明目張膽到村舍集鎮上去借，生怕暴露了形跡，惹來官兵追捕。

　　一個私鹽販子想了一個辦法，他用匕首削了一根棗木棍，砍了一個樹杈立在地上做為支架。兩人利用這個棗木槓桿做為天平，用兩個秤砣做為砝碼，一共秤了三次，公平地將私鹽分開了。

　　你知道他們是怎麼分的嗎？

13·卓別林上樓梯

難度 ★　　　所用的時間（　）秒　　　答案見（150）頁

　　卓別林在出名之前，前往電影公司應徵喜劇演員。負責面試的人，讓卓別林表演上樓梯，用最滑稽的方式表現一個小職員急急忙忙的神態。卓別林從一樓一直上到八樓，累得氣喘吁吁，尾隨的考官這才忍俊不禁地喊停，卓別林順利地通過了考試。

　　卓別林從第一層爬到第四層，用了48秒。他按照這個速度，一直爬到了第八層，一共用了多少時間？

14・最聰明的科技專家

難度 ★★★★★　　　所用的時間（　）秒　　　答案見（150）頁

　　航空科技專家戴維斯在裝配螺旋槳上的螺絲釘時，他的助手不小心將一個不規格的螺絲釘，和其他26個螺絲釘混淆在一起了，這個螺絲釘和其他的螺絲釘外表看起來相差無幾，只是比其他螺絲釘重量略大。如果不慎將這個製作不精密的螺絲釘裝配到飛機的螺旋槳上，飛機的品質將難以保證。

　　聰明的戴維斯讓助手拿來一架天平，短短幾十秒，一共秤了三次，準確地將那個不標準的螺絲釘挑了出來。

　　聰明的你，能找出那個較重的螺絲釘嗎？記住，僅三次的秤重機會哦！

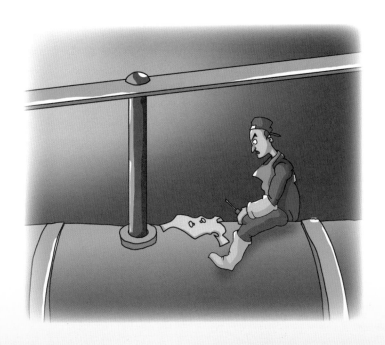

15・冷飲店來了大肚漢

難度 ★★★★　　　所用的時間（　）秒　　　答案見（151）頁

　　盛夏逐漸過去了，冷飲店生意逐漸冷清了起來，店主打出了「兩個空瓶換一瓶汽水」的招牌，以期招徠顧客。

　　這天，冷飲店來了一個魁梧且啤酒肚的男子，夥同三個朋友，來冷飲店喝汽水。一塊錢一瓶的汽水，四個人一口氣喝了20元。看著一大堆汽水瓶，冷飲店老闆瞠目結舌：一個月前最熱的時候，也沒人一下子能喝這麼多汽水呀！

　　請你算一下，四個大肚漢一共喝了多少瓶汽水呢？

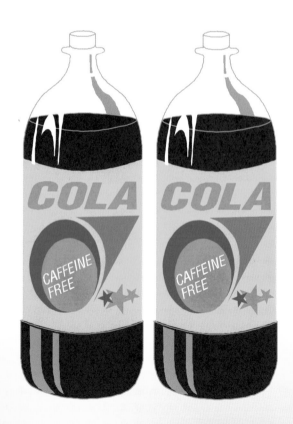

16 · 阿里巴巴的金條

難度 ★★   所用的時間（　）秒   答案見（151）頁

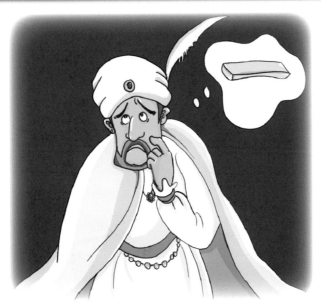

　　阿里巴巴請來工匠為他修建房屋，整個工程需要7天完成，他給工匠的回報是一根金條。問題是，他只能將金條弄斷兩次，但是在每天傍晚收工時阿里巴巴必須用一部分金條來結算當天的工錢，他該如何給工匠們付費呢？

17 · 李逵喝酒

　　李逵上梁山後，宋江知道他容易酗酒誤事，特意想了一個法子懲治他。這天李逵嚷嚷著要喝酒，宋江就將李逵帶到一個盛滿酒的大缸前，大水缸旁邊放著兩個酒舀子，一個能裝酒三碗，一個能裝酒五碗。宋江說道：「兄弟，只要你能量出四碗酒來，今天我就讓你喝個痛快！」

　　李逵人粗心細，擺弄了一會兒，量出了四碗酒，然後在酒缸旁邊，一口氣喝了個痛快。你知道李逵是怎麼量的嗎？

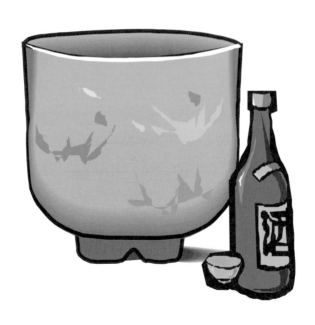

18 · 駱駝的悲鳴

難度 ★★　　　所用的時間（　）秒　　　答案見（151）頁

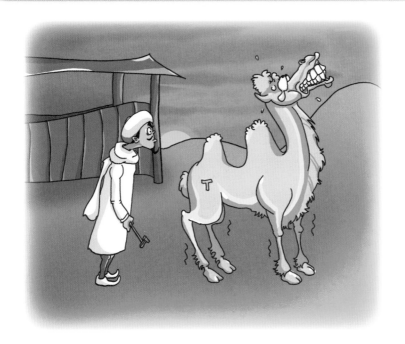

　　在沙漠中行進的駱駝商隊，通常會讓最強壯的駱駝在駝隊的兩頭，中間夾雜著體弱的駱駝，按照順序前行。商人們為了區別這些駱駝，要在每一隻駱駝身上加蓋火印。

　　商人們在給駱駝加蓋火印的時候，將鐵質的印章燒得通紅，烙在駱駝身上，駱駝會疼痛不堪，高聲嘶鳴五分鐘之久。如果一個商隊中有十隻駱駝，假定叫聲不重疊的話，加蓋火印的時候最少要聽幾分鐘的駱駝悲鳴？

19・球賽比分

難度 ★★★★★　　　所用的時間（　）秒　　　答案見（152）頁

　　西元3000年，足球規則中的記分進行了改變：在一場比賽中，勝者得10分，平局各得5分，無論勝負，踢進一球就加1分。在一次採用循環制的國際大賽中，經過幾場比賽，各隊得分如下：日本隊得3分；巴西隊得7分；中國隊得21分。請問共進行了幾場比賽？每場比賽的進球比是多少？

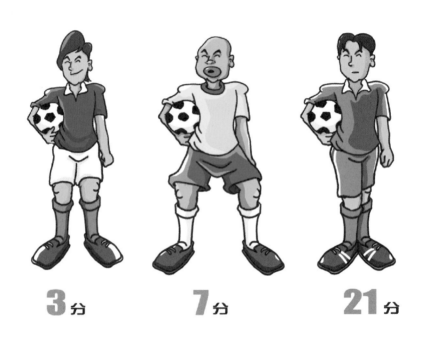

3分　　　　**7**分　　　　**21**分

20．賽車的速度

難度 ★　　　所用的時間（　）秒　　　答案見（152）頁

　　本田摩托車公司的賽車手松本進行複雜地形預賽熱身。賽道分為等長的四段，第一段是山地，松本以每小時50公里的速度跑完了全程；第二段是山間小路，松本的車速提高到了每小時100公里；第三段和第四段分別是鄉間公路和國道，松本的時速分別是150公里和200公里。

　　跑完全程後，松本認為他的平均時速為125公里。你認為他的計算正確嗎？

21．長跑運動員的速度

難度 ★★　　　所用的時間（　）秒　　　答案見（152）頁

　　一名長跑運動員在進行傷後恢復訓練，教練讓他在賽場上進行慢跑6公里。他用每小時8公里的速度跑了4公里，想提高速度，用平均12公里的時速，跑完全程。

　　在接下來剩餘的2公里中，這名運動員將跑步速度提高到多少，才能將全程的速度平均到每小時12公里？

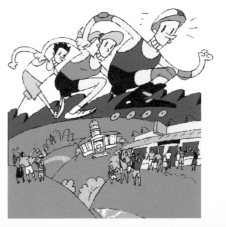

22 · 小彼得和父親的算術遊戲

難度 ★★★   所用的時間（ ）秒   答案見（152）頁

在新學期的數學課上，老師傑瑞教給了孩子們一個小技巧，讓他們回去和爸爸媽媽玩數字遊戲。

小彼得回到家裡後，迫不及待地向在木場工作的爸爸炫耀。他拿來紙筆遞給爸爸：「考考您，爸爸。請您在紙上任意寫兩組七位數。」爸爸不知道兒子在玩什麼小把戲，面帶疑惑地寫了兩組七位數：

爸爸的第一組數字是：2890876

爸爸的第二組數字是：1693486

「好了親愛的爸爸，我也寫下兩組數字。」小彼得說完，也寫下了兩組數字：

小彼得的第一組數字是：7109123

小彼得的第一組數字是：8306513

「請您聽清楚了爸爸，您可以任意寫第三組數字，幾位數字都行，但最好也是七位數字。當您寫完的時候，我就能馬上將這五組數字相加的結果寫出來。」

「我的孩子，這怎麼可能！」爸爸不相信兒子的速算能力，他寫下了第三組數字：

5964372

爸爸剛剛放下筆，小彼得在兩秒之內，就將五組數字之和計算了出來，是25964370。

小彼得的爸爸十分驚訝，他用筆在紙上相加五組數字，足足用了將近一分鐘才將結果算出來。他嘴裡喃喃地說道：「這怎麼可能呢？」

你知道小彼得是怎麼算的嗎？

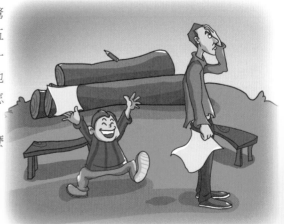

23·實習生的待遇

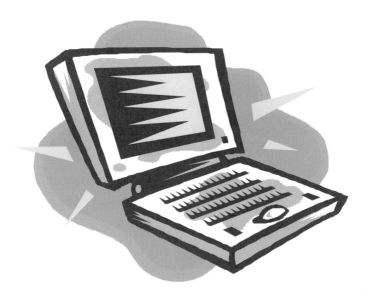

　　橋本一郎在中國一家電腦公司企劃部實習，雙方約定實習期限為一年，工資6000元人民幣加一台電腦。企劃部給他提供住宿和免費餐券，工資年底支付。

　　工作了7個月後，橋本一郎因為業績優秀，提前結束了實習期限，轉為正式員工，從企劃部調到軟體發展部工作。調職前夕，企劃部給他結清了工資，因為電腦無法拆開，所以給了他1500元和一台電腦。你知道這台電腦的市場價格嗎？

24 · 酒鬼比拼

難度 ★★★　　　所用的時間（　）秒　　　答案見（153）頁

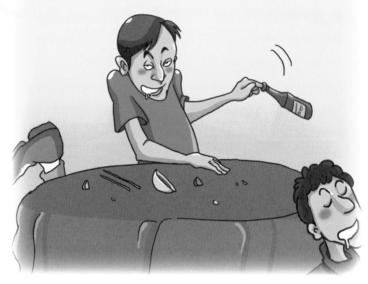

　　一群酒鬼聚在一起要比酒量。先上一瓶，各人平分。這酒真厲害，一瓶喝下來，當場醉倒了幾個。於是再來一瓶，在餘下的人中平分，結果又有人倒下。現在能堅持的人雖已很少，但總要決出個勝負來。於是又來一瓶，還是平分。這下總算有了結果，全倒了。只聽見最後倒下的酒鬼中有人咕噥道：「嘿，我正好喝了一瓶。」

　　請問：這些酒鬼一共多少人？

25‧龜龜賽跑

難度 ★　　　　所用的時間（　）秒　　　　答案見（153）頁

　　動物賽場上，甲乙兩隻烏龜在進行10公尺長跑比賽。甲龜到達終點的時候，乙龜距離終點還有1公尺。假如兩隻烏龜重新比賽，甲龜的起跑線退後1公尺，甲乙兩隻烏龜能否同時到達終點？

26‧將軍的貓

難度 ★★★　　　所用的時間（　）秒　　　　答案見（153）頁

　　愛麗斯特——陸軍將軍的寵物貓，昏昏沉沉地在坦克履帶上假寐。突然間坦克開動，以每小時十英里的速度前行。愛麗斯特被驚醒，模糊中牠知道自己正處在險境。

　　這隻聰明的貓在危難之際有些思維錯亂，牠沒有意識到即刻跳下去可免一死，而是沿著履帶向後奔跑。牠需要跑多快，才能逃過被碾壓的劫難呢？

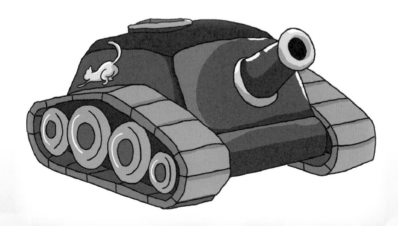

27‧林紓的算術能力

難度 ★★　　　　所用的時間（　）秒　　　　答案見（154）頁

　　林紓是晚清著名的翻譯家，從小就十分聰慧，十三、四歲就開始就讀於洋學堂。這天，算術老師給學生們出了一道題：從1寫到10，一共是11個阿拉伯數字。從1寫到500，一共寫多少個阿拉伯數字？

　　學生們有的用筆在紙上邊寫邊計算，有的冥思苦想，有的一籌莫展。林紓思索了一會兒後，用筆寫出了一個算式，提出了答案。老師驚嘆：這個孩子聰明，將來必成大器！

　　你知道林紓是怎麼算的嗎？

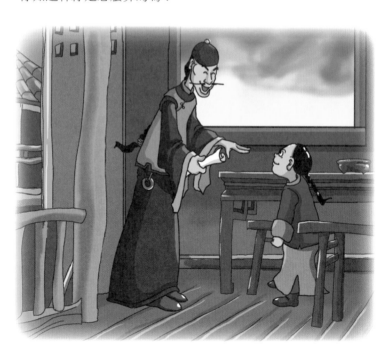

28．難倒眾人的算式

難度 ★★　　　　所用的時間（　）秒　　　　答案見（154）頁

　　更多的時候，我們的思維處在僵化和單一狀態。如果能夠打破思維模式，好多所謂的難題，其實很簡單。請看下面的這個算術題：3個5和1個1，運用加減乘除的基本運算，使他們的值等於24。

　　看清楚了，是兩個條件：第一是3個5和1個1必須用到；第二是僅僅限於加減乘除運算方式（可以任意選擇其中一種或者幾種運算方式）。

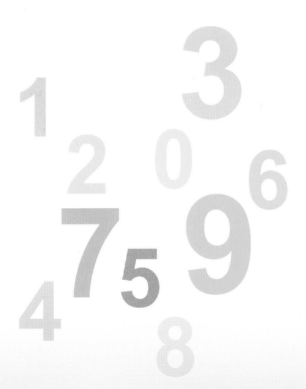

29 · 魯智深的佛珠

難度 ★★★　　　　所用的時間（　）秒　　　　答案見（154）頁

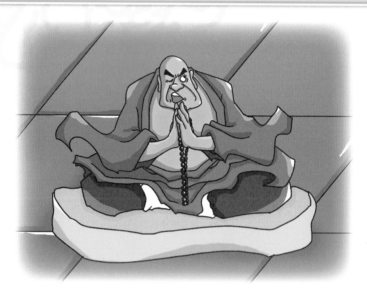

　　魯智深在五台山出家，因為酒醉大鬧了佛家聖地，被長老一封書信打發到東京大相國寺，做了一個看菜園子的菜頭和尚。五台山長老知道魯智深是一個有佛緣的人，臨別時贈給了魯智深一串佛珠，對魯智深說道：「這串佛珠，一共100多顆。一次數3顆，正好數完；一次數5顆，最後剩3顆；每次數7顆，也剩3顆。你知道這佛珠有多少顆嗎？」

　　魯智深聽了甚是不解，心想，一顆一顆數，不就知道佛珠有多少顆了嘛，絮絮叨叨這麼麻煩。後來魯智深佛學修養加深，才知道方丈的一番話，意在啟發他要培養人生的智慧，才能更好地參透佛學的內涵。

　　你知道魯智深佩戴的佛珠有多少顆嗎？

30 · 撲克牌

難度 ★★★★　　　所用的時間（　）秒　　　答案見（154）頁

　　現有一副去掉兩張鬼牌的撲克牌，共52張。把它洗勻後，分成A、B兩組，各26張。

　　請問，這時A組中的黑牌數和B組中的紅牌數，在1000次中，有幾次會完全相同？

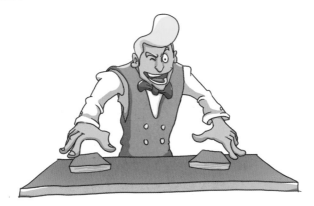

31 · 貨架上的罐頭

難度 ★★★　　　所用的時間（　）秒　　　答案見（154）頁

　　食品商店的貨架上，新進了幾罐奇異果罐頭。一名男子進來買了全部罐頭的一半又半個；第二名顧客買了剩下的一半又半個；第三名是個小姑娘，將剩下的一半又半個罐頭全部買走了。第四個顧客過來也要買奇異果罐頭，售貨員對顧客說道：「抱歉，奇異果罐頭全部售完了。」

　　食品商店一共新進了幾罐奇異果罐頭呢？

32·農夫的遺產

難度 ★★★★　　　所用的時間（　）秒　　　答案見（154）頁

　　農場主人漢斯去世後，留下了幾頭乳牛。按照他的遺願，他的妻子分得了全部牛的半數加半頭；他的長子分得了剩下牛的半數再加半頭；農場主人的次子分得了剩下牛的半數再加半頭；農場主人有一個女兒，分得了剩下牛的半數再加半頭。至此，農場主人的乳牛全部分完。你知道農場主人一共有多少頭牛嗎？

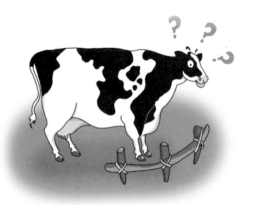

33·設計師的報酬

難度 ★　　　所用的時間（　）秒　　　答案見（154）頁

　　廣告設計師王麗、張潔和孫婷婷接了一個案子。孫婷婷臨時被公司委派去處理其他事物了；設計工作由王麗和張潔兩個人來完成。王麗做了五天，張潔做了四天。因為孫婷婷沒有參與這項工作，所以將應得的九百塊錢報酬拿出來讓王麗和張潔兩個人分配。按照工作量，王麗和張潔應該各分到多少錢呢？

34・機智的人D普查員

難度 ★★★★★　　　所用的時間（　）秒　　　答案見（155）頁

　　人口普查員漢斯來到瑪麗太太家裡做調查，瑪麗是一位中年婦女，她生了三個女兒。當漢斯詢問這三個女孩的年齡時，這位婦女有意賣一個關子，說：「如果你將她們各自的年齡相乘，得數會是72；但如果將她們的年齡相加，那又碰巧是我家的門牌號碼14了。你可以自己去想看看。」

　　漢斯想了想說：「可是要推算出她們年齡，這些資訊還不夠啊！」

　　瑪麗說：「那好吧！我的二女兒麗薩正在玩大女兒安琪的舊玩具。」

　　漢斯笑道：「哈，哈！現在我知道她們的年齡了。」

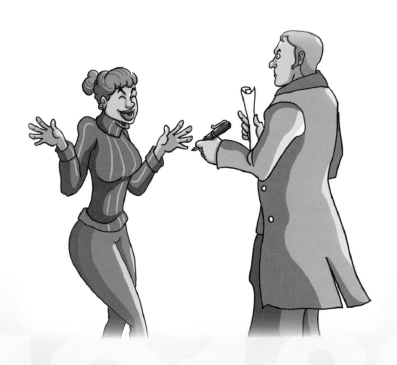

35 · 快樂的皇帝

中國歷史上，皇帝老婆多，三宮六院數也數不清。

話說有這麼一個皇帝，最寵愛的愛妃每天夜裡陪他；次寵愛的愛妃，隔天夜裡陪他一次；名列第三的愛妃，每隔兩晚上陪他一次；第四名愛妃每隔三天晚上陪他一次。依此類推，第七名愛妃每隔六天晚上陪他一次。

問題是，會不會遇到七個妃子一起侍奉皇帝的情況？

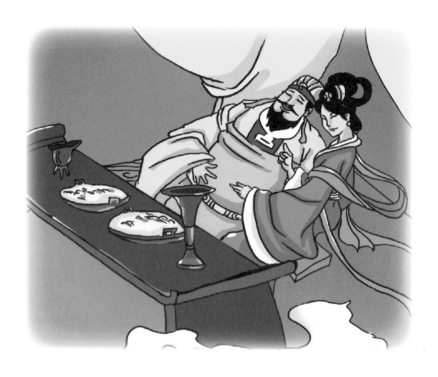

36・風中飛翔的燕子

難度 ★★★　　　所用的時間（　）秒　　　答案見（155）頁

「小燕子，穿花衣，年年歲歲到這裡。」數學課上，代數老師首先唸了幾句兒歌，接著說道：「大家都知道燕子秋去春來，我這裡有一道關於燕子的算術題。假設燕子從南方到北方，然後從北方再到南方，在沒有風速、燕子飛行速度一定的情況下，需要數天時間。第二年，情況發生了變化，燕子在飛行途中遇到了南風，南風徐徐輕吹，風速不變。燕子從南方飛到北方，再逆風從北方飛到南方，所需天數和沒有風的時候，是多了還是少了，還是保持不變呢？請同學們思考一下。」

十幾分鐘過去了，老師向學生們提問這道題的結果，有同學說少了幾天，有同學說天數沒變，也有同學說天數增加了。你能說出這道題的正確解法嗎？

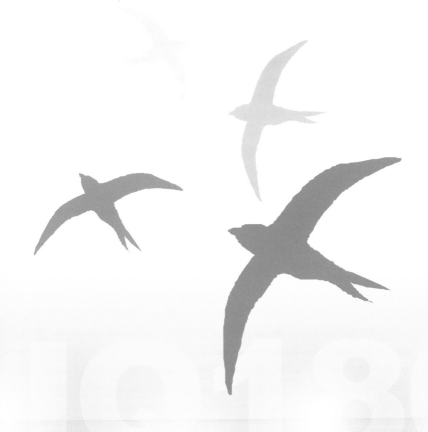

37・塞翁的財產

難度 ★★★　　　所用的時間（　）秒　　　答案見（156）頁

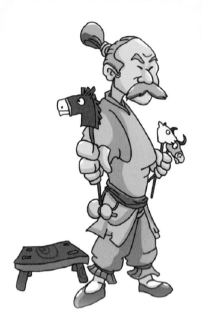

　　話說塞翁家裡有兩匹馬、三頭牛和四隻羊，總價值不足一萬文錢。如果兩匹馬加上一頭牛，或者三頭牛加上一隻羊，或者四隻羊加上一匹馬，那麼牠們的總價正好是一萬文錢。你知道塞翁家的馬、牛和羊的單價各是多少錢嗎？

38・懷特小姐的金錶

難度 ★★★　　　所用的時間（　）秒　　　答案見（156）頁

　　懷特小姐新買了一支勞力士金錶，第二天發現比家裡的小鬧鐘快兩分鐘；而家裡的小鬧鐘又比電台播報的標準時間慢兩分鐘。下面的哪種說法正確，請你選出來：

　　（A）手錶指示的時間是準的；（B）手錶指示的時間比標準時間要快；（C）手錶指示的時間比標準時間要慢。

39・現在幾點了？

難度 ★★　　　所用的時間（　）秒　　　答案見（156）頁

詹姆斯・龐德是一位家喻戶曉的英雄人物。他桀驁不馴，行事不拘一格。

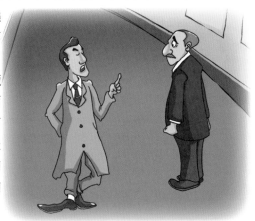

警隊的新上司卡爾早就耳聞龐德的大名，初次上任，在走廊迎面碰見了龐德。上司親熱地和龐德打招呼：「早安，龐德先生。」然後隨口問了一句：「龐德先生，您知道現在幾點了嗎？抱歉，我剛剛知道我的勞力士罷工了。」

不知道什麼原因，龐德對這個新來的上司並不感冒，他隨口丟給上司一句話：「從午夜到現在這段時間的四分之一，加上從現在到午夜這段時間的一半，就是現在的時間。」

新上司搖搖頭，有點尷尬地看了一下龐德。你知道龐德說的時間是幾點鐘嗎？

40・飛機比火車快多少？

難度 ★★★　　　所用的時間（　）秒　　　答案見（156）頁

受公司委託，布朗先生從美國總部（我們稱之為A地）出發，到大洋彼岸的某個國家（我們稱之為B地）開拓市場。從A地到B地，搭飛機需要九個小時；而要從地面走，布朗先生首先搭公車到火車站，坐上火車到輪船碼頭改搭客輪，一共需要九天時間。從A地到B地，搭飛機比搭火車快幾倍？

41・王亞樵的菸頭

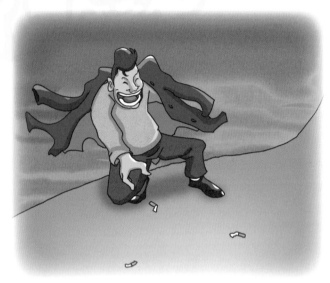

　　王亞樵就是上海著名的幫會頭子之一，是中國近代歷史上最著名的暗殺大王，先後謀殺蔣介石，槍擊宋子文，炸死侵華日軍總司令官白川大將，刺傷汪精衛。崇尚以「五步流血」的暗殺手段除暴安良，救國救民。王亞樵的下場和自己的人生軌跡不謀而合：被國民黨特務戴笠暗殺身亡。

　　如此風雲跌宕的一個歷史人物，早年間也是窮困潦倒。剛到上海的時候，沒有工作，找不到依靠，吃不飽穿不暖，帶著一群兄弟們浪跡街頭。王亞樵愛抽菸，沒錢買菸就在街上撿別人剩下的菸頭，最多的時候撿了150個。每三個菸頭能接一根香菸的長度，王亞樵就此度過了菸癮關。

　　你算算，一百五十個菸頭能接幾根菸？

42・有線台的收視率

難度 ★★★★　　　　所用的時間（　）秒　　　　答案見（157）頁

　　香港有線電視台日前針對肥皂劇、紀錄片和電影的收視情況，做了一項收視率調查。調查結果顯示三種類型的節目都看的人佔26%；被調查的人當中，有39%的人不看紀錄片；看肥皂劇的人數，加上看電影的人數，和看電影的人數加上看紀錄片的人數所佔的比例相等。有27%的觀眾從來不看電影；觀看紀錄片和肥皂劇的觀眾佔了14%；只看紀錄片的觀眾僅佔3%。

　　請回答下面的問題：

　　1、不看電影但喜歡看肥皂劇的觀眾佔多少比例？

　　2、有多少比例的觀眾只看肥皂劇？

　　3、觀看電影和紀錄片但不看肥皂劇的人佔多少比例？

　　4、有多少比例的觀眾只看電影？

　　5、有多少比例的觀眾觀看其中的兩類節目？

　　6、只看其中一類節目的觀眾佔多少比例？

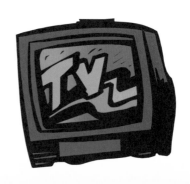

43．史上最早的數學選拔賽

難度 ★★　　　　所用的時間（　）秒　　　　答案見（157）頁

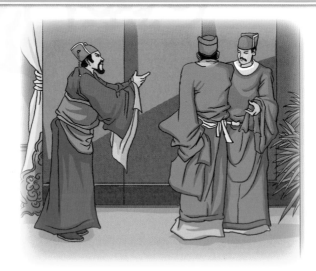

　　《唐闕史》裡面記載著一個「數學選拔官吏」的故事：楊損是唐朝尚書，學問淵博，擅長算術。楊損做人也很正直，任人唯賢，從不營私舞弊。

　　有一次，朝廷要從地方上兩個小官吏之中，選拔一人予以擢升。兩人都是楊損的下屬，才能和品格不相上下。到底應當怎樣選擇，讓楊損傷透了腦筋。楊損思慮了一段時間，對兩個人說道：「既然兩位不相上下，而朝廷又只有一個名額，只能忍痛割愛了。我們現在的官員，做文章的修養都很深，但速算的技能缺乏。我這裡有一道速算題，誰能答得出來，就舉薦誰，你們聽好了：有人在林中散步，無意中聽到幾個強盜在商討如何分贓。他們說，如果每人分6匹布，則剩5匹；每人分7匹布，則少8匹。試問共有幾個強盜？幾匹布？」

　　聽過題目後，其中一個小吏算出了答案。你知道答案是多少嗎？

44 · 格列佛的衣服

難度 ★　　　所用的時間（　）秒　　　答案見（157）頁

　　外科醫生格列佛出海冒險航行，路過小人國。

　　小人國的人身高不滿六英寸，格列佛置身於小人國中，就像巍峨的大山一般。格列佛比這裡的人高十二倍，小人國的國王要給格列佛縫製一套衣服。假定小人國的裁縫師縫製一套小人國的人的衣服需要兩天時間，那麼用一天時間給格列佛縫製一套合身的衣服，大約需要幾個裁縫師？在這裡，我們假定格列佛的身體胖瘦和小人國的人一樣。

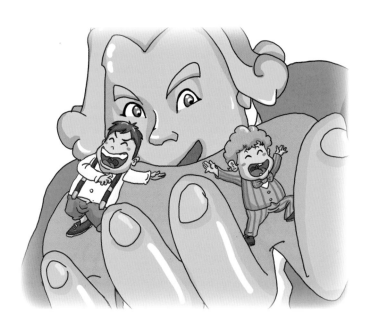

45・錶針重合的次數

難度 ★★　　　所用的時間（　）秒　　　答案見（157）頁

　　「滴答……滴答」，勤勞而又不知疲倦的鐘錶，始終催促你什麼時候休息，什麼時候工作，使你的生活變得有章法可循。試想，一個現代人假如突然沒有了鐘錶，失去了時間座標，生活會發生怎樣的變化呢？

　　鐘錶對我們的生活如此之重要，但我們未必對鐘錶完全熟悉。看看你牆上掛的時鐘，十二點的時候，時針和秒針是否重合在一起了？其實兩個指針在十二個小時內，有多次重合。你知道時鐘的時針和秒針在十二個小時內，在什麼時候重合，一共重合了幾次嗎？

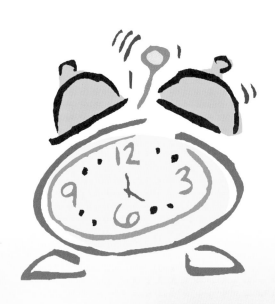

46‧罐子裡面的污染藥

難度 ★★★★　　　所用的時間（　）秒　　　答案見（158）頁

在一次國際救援中，國際紅十字會前往受災的國家發送10箱急救藥丸，每粒藥丸重10毫克，每箱重30公斤。

克萊恩博士指揮現場人員，將急救藥按照1～10個編號，按順序裝入貨運機艙。這時候國際刑警組織發來緊急通告：恐怖組織將其中的一個藥箱掉包了，10箱中有1箱藥品是污染藥品，每粒藥丸比其他藥丸重0.1毫克。

飛機即將起飛了，機場只能提供一個只有600毫克砝碼的天平。

每箱檢驗，顯然來不及了；每箱秤重，沒有合適的秤重器械。

怎麼辦？

聰明的克萊恩博士，用這個只有600毫克砝碼的天平，在助手們的幫助下，只用了一次，就將污染藥品找了出來，因此避免了一場恐怖災難。

聰明的你，知道克萊恩博士用的是什麼方法嗎？

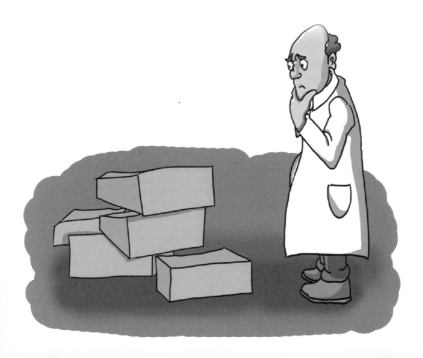

47・小猴子運香蕉

難度 ★★★★★　　　所用的時間（　）秒　　　答案見（159）頁

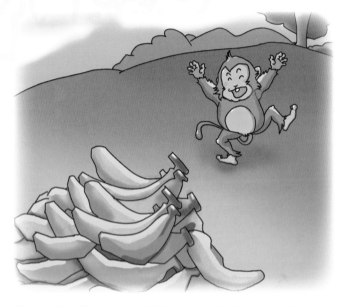

　　一隻貪玩的小猴子，在距離住處50公尺的地方，發現了一大堆香蕉。這可把愛吃香蕉的小猴子樂壞了，小猴子數了數，一共100根！

　　可是，這麼遠的路，該怎麼往家裡運呢？憑藉小猴子的力氣，每次只能背50根香蕉，而且每走一公尺，小猴子都要吃掉一根香蕉。你幫小猴子謀劃一下，怎樣才能讓小猴子盡可能多的將香蕉搬到家裡？

48．竹簍裡面的蛇

難度 ★★　　　所用的時間（　）秒　　　答案見（159）頁

　　一個泰國人在市集上賣蛇，有事要走開，請妻子一個人照料。妻子對蛇很敏感，從來不敢觸摸。賣蛇人將一千隻蛇，放進車上的十個竹簍裡面，然後在竹簍外面寫上編號，每個竹簍的編號，就是竹簍裡面蛇的數量，然後對妻子說：「這樣誰來買蛇，妳直接將竹簍給他就行了，不用親手抓蛇。」

　　去除本題的實用性，從數學意義上分析，你知道賣蛇人是怎樣分配這一千隻蛇的嗎？

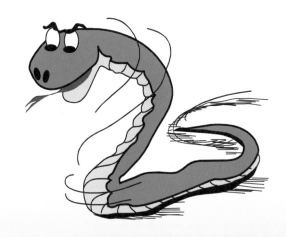

49・郭嘯天的遺產

難度 ★★★　　　所用的時間（　）秒　　　答案見（160）頁

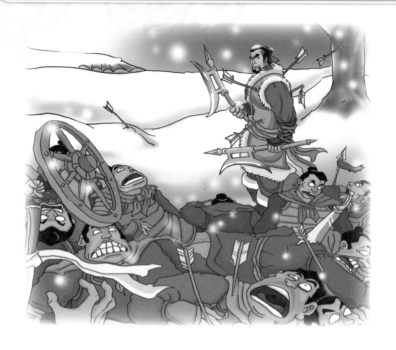

　　郭嘯天和楊鐵心，是金庸武俠小說《射鵰英雄傳》中的英雄人物。面對官府腐敗、金兵入侵，他們具有鮮明的正義感和高尚的民族氣節。而郭嘯天的兒子郭靖，更是為千家萬戶所熟悉的大英雄。

　　郭嘯天和楊鐵心氣味相投，情同兄弟。他們立下遺囑：兩家財產合二為一，如果生男孩，則財產一半歸兒子，一半捐獻給大宋難民；如果生女孩，則捐獻給大宋難民的財產，是女孩應得財產的兩倍。

　　沒想到幾年後金兵入侵牛家村，郭嘯天戰死，楊鐵心和妻子離散，護送郭嘯天妻子殺出重圍。幾個月後，懷有身孕的郭夫人生下了郭靖；幾年後楊鐵心認了義女穆念慈（當時還不知道親生兒子楊康已經出世）。這下兩家兒女雙全，楊鐵心該怎樣遵照郭嘯天的遺囑來分配遺產呢？

50．小琳娜的手套

難度 ★★　　　所用的時間（　）秒　　　答案見（160）頁

　　小琳娜一共有十雙手套，這天保母給她整理衣服的時候，發現小琳娜的手套只剩下八雙了，另外兩雙不見了。小琳娜丟掉的手套不外乎兩種情況：

　　第一種情況小琳娜的損失最低：小琳娜丟掉的兩隻手套正好是一雙，也就是說小琳娜現在還有九雙完整的手套。

　　第二種情況小琳娜的損失比較大：小琳娜丟掉的手套正好是單個兩隻，因此小琳娜只剩下八雙完整的手套，和兩隻單獨的手套。

　　你認為上述兩種情況，那種情況更可能發生呢？

51．牧羊人過關

難度 ★★★　　　所用的時間（　）秒　　　答案見（160）頁

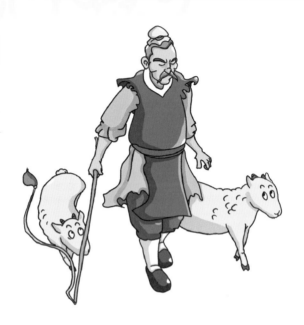

　　古時候，有一個牧羊人要趕著自己的羊到臨近州縣販賣。從家裡到臨近州縣，關卡重重，每過一關，都要收稅。牧羊人不堪重稅，每到一個關卡，將羊藏起來，自己到關卡前面和守關的官吏求饒說好話。實在遇到不通融的，他就這樣建議：「我將我的羊的一半給你，不過你的一半中，要還一隻給我。」守關的官吏聽了牧羊人的建議，沒有一個不同意的。這些官吏雖然貪，但都講信用。就這樣，牧羊人通過了十幾個關卡後，他的牧羊還有兩隻。

　　你知道牧羊人原來有多少隻羊嗎？

52・阿納斯塔西婭猜想

難度 ★★ 　　　所用的時間（　）秒 　　　答案見（160）頁

　　阿納斯塔西婭正在想著一個介於99和999之間的數字。這時，貝琳達問她，該數字是否低於500，阿納斯塔西婭回答說「是」；貝琳達又問，該數字是否是一個平方數，得到的回答也是「是」；當被問到該數是否為一個立方數時，阿納斯塔西婭還是回答說「是」。然而，她所回答的這三個結果中，只有兩個是正確的。好在阿納斯塔西婭後來又誠實地告訴貝琳達說，該數字的首位數和末位數是5、7或9。你知道這個數字是多少嗎？

53・祖沖之速算

難度 ★ 　　　所用的時間（　）秒 　　　答案見（160）頁

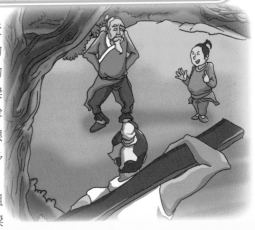

　　祖沖之自幼十分聰明，這天他的祖父在和工匠計算建築用的樑檁木料價格，來人對祖沖之的祖父說：我家蓋房子的三根主樑和一根副樑一共花了紋銀一兩零十錢，主樑比副樑多花了一兩銀子，請先生給我計算一下副樑多少錢，我好去準備其他副樑。

　　一旁的祖沖之聽得仔細，祖父還沒開口，他張口說出了副樑的價格。你能快速心算出副樑的價格嗎？

54 · 怕老婆的大老闆

難度 ★★★　　　　所用的時間（　）秒　　　　答案見（161）頁

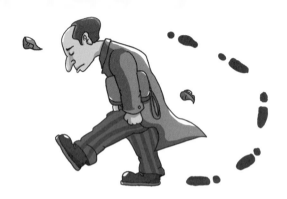

　　布朗先生在曼哈頓市中心有一家大商場。這個身價千萬的大富翁，除了財富驚人外，怕老婆的程度也是驚人的。

　　布郎先生家在曼哈頓市郊，每天他的司機將他送到地鐵站，然後他坐地鐵上班；下班坐地鐵返回，司機就會在地鐵站等候，然後送他回家。數年來如一日，布朗先生從來不敢晚點回家，以免遭受家中悍妻的怒罵和叫囂。

　　這天，布朗先生下班後搭地鐵出站，司機打來電話說要晚半個小時才能到地鐵站接他。布朗先生聽聞此訊，戰戰兢兢。他知道晚半個小時回家，那個悍婦將要怎樣對付他。他一邊嘟嘟囔囔，一邊往前走，企圖在路上攔截他的司機。走了很長時間，布朗先生看到司機遠遠駛來，長出了一口氣。上車後趕緊掉頭往家裡走。回到家裡，還是晚了22分鐘。無一例外地遭遇了悍妻的大罵。

　　布朗先生十分委屈：「我為了不晚歸，在路上走了那麼長時間！」有人說布朗先生怎麼不搭車回家，我們可憐的布朗先生雖然身價千萬，但被家中悍妻牢牢控制，額外開銷一律經過特批，就連搭車這樣的小花費也不例外。

　　我們可憐的布朗先生，在路上走了多久時間呢？

55．缺失的數字

　　勃朗特把兩個五位數相乘寫下了答案，不幸的是，其中有一個數字(用*表示)看不清楚，無法識別了：98564x54972＝541*260208

　　為了確定這個缺失的數字，勃朗特非得把這乘法重新做一次嗎？是不是有別的捷徑？

56．囚犯的座位

　　一個獄卒負責看守人數眾多的囚犯。吃飯時，他得安排他們分別坐在一些桌子旁邊。入座的規則如下：

　　①每張桌子坐著的囚犯人數均相同。

　　②每張桌子所坐的囚犯人數都是奇數。

　　③在囚犯入座後，獄卒發現：　每張桌子坐3個人，就會多出2個人；每張桌子坐5個人，就會多出4個人；每張桌子坐7個人，就會多出6個人；每張桌子坐9個人，就會多出8個人；當每張桌子坐11個人時，就沒有人多出來。

　　那麼，實際上一共有多少個囚犯？

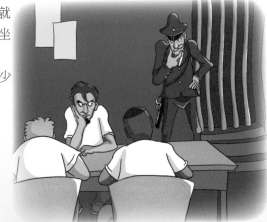

57 · 百公尺衝刺

　　甲和乙比賽100公尺衝刺，結果，甲領先10公尺到達終點。乙再和丙比賽100公尺衝刺，結果，乙領先10公尺取勝。現在甲和丙做同樣的比賽，結果會是怎樣呢？

58 · 提升工資

　　某公司向工會代言人提供了兩個加薪方案，要求他從中選擇一個。第一個方案是12個月後，在20000元的年薪基礎上每年提高500元；第二個方案是6個月後，在20000元的年薪基礎上每半年提高125元。不管是選哪一種方案，公司都是每半年發一次工資。

　　你覺得工會代言人應向員工推薦哪一個方案才更合適？

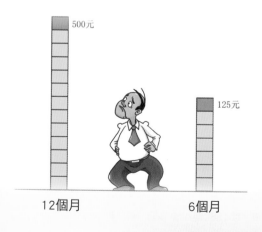

500元　　　　　　　　　　125元

12個月　　　　　　　　6個月

59‧裝黑豆的袋子

難度 ★★　　　所用的時間（　）秒　　　答案見（162）頁

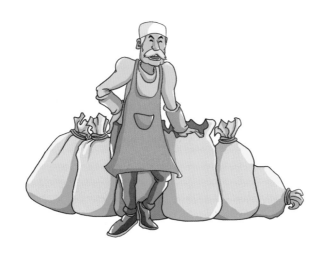

　　米店的老闆有6袋黃豆和黑豆，容量分別為30公斤、32公斤、36公斤、38公斤、40公斤、62公斤。其中五袋裝著黃豆，一袋裝著黑豆。第一位顧客買走了兩袋黃豆；第二位顧客所買黃豆是第一位顧客的2倍。請問，哪一個袋裡裝著黑豆？

60・忙碌的狗

　　甲乙兩人相距1000公尺，兩人同時出發相向而行，甲每分鐘走60公尺，乙每分鐘走40公尺。甲帶了一隻狗，這隻狗和甲開始時一起向前跑，牠的速度是每分鐘100公尺，當遇到乙時就折回來又向甲跑去，再次遇見甲時又跑向乙……就這樣一直跑到甲乙相遇，問狗共跑了多少公尺？

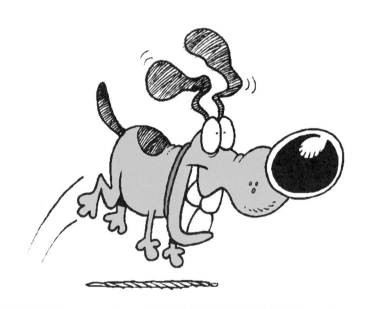

61·梨子賣虧了

難度 ★★★　　　所用的時間（　）秒　　　答案見（163）頁

　　有A、B兩人在賣梨子，A三個梨子賣100日元，B兩個梨子賣100日元。他們賣剩下的梨子正好都還各有30個，這時候他們都有事情，把賣梨子的事託付給了朋友C，他們自己離開了店舖。

　　那個人覺得將便宜的和貴的分開賣很麻煩，於是就將3個便宜的加上2個貴的共5個組成一組，每組賣200日元，結果剩下的60個梨子一共賣了2400日元。

　　但當兩人回來時，A每3個賣100日元，也就是說一共向他要1000日元，而B每兩個賣100日元，一共向他1500日元。這是非常自然的事，但事實上這位朋友只賣了2400日元，還差100日元。請問這個人賣梨子的方式哪裡有問題？

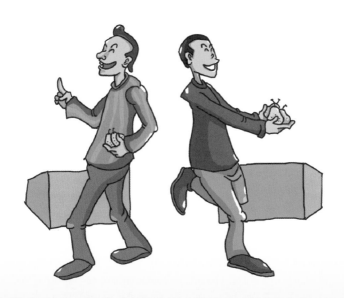

3

第三章
幾何圖形遊戲

1 · 王婆賣瓜

難度 ★★　　所用的時間（　）秒　　答案見（164）頁

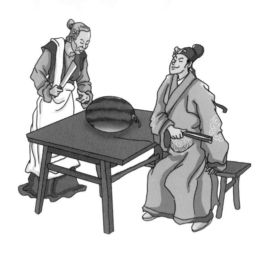

陽谷縣的王婆，在開茶館之前是賣西瓜的。王婆人很精明，在西瓜攤上長年貼著一個告示：哪位客官將西瓜切成九塊，吃完後剩下十塊西瓜皮，白送大西瓜一個。否則雙倍支付瓜資。

這個告示一貼就是好幾年，每天有人過來，好奇地試切西瓜，沒有一個切成功的。這天西門慶來到王婆瓜攤前，看著王婆的告示，沉吟良久說道：「王乾娘這道試題，難道是個死局？」圍觀的人有不少試切過西瓜的，聽西門慶這麼一說，紛紛起鬨：「這個老婆子，用個死局來騙錢！」王婆聽了，一聲冷笑，挑出一個黑皮斑斕大西瓜，拿起西瓜刀將西瓜切成九塊，西門慶一看，果然是十塊皮！

題目破解了，王婆的生意日漸冷清，只好放棄了西瓜攤，轉行開了茶館。但王婆賣瓜的俗語卻就此流傳了下來，這道題，也成為了後世的經典題。

你能切開這個西瓜嗎？

2·分解方格

難度 ★★★★　　　所用的時間（　）秒　　　答案見（164）頁

　　將下面的方格，分成形狀相同的4等份，每個部分要包括一個A。

　　用這道題來考考你的老公吧！如果他沒做出來，就讓他洗碗、做飯一週；如果他做出來了，就讓他洗衣、拖地一週。有點女權主義哦！就這麼來吧！男人動腦又出力，更顯得大度嘛！

A		A	A		
A					

3·小火柴裡面的「玄機」

難度 ★★　　　所用的時間（　）秒　　　答案見（164）頁

　　現在社會，打火機代替了火柴。在做這道題之前，打發你老公去街角雜貨鋪，買一盒火柴。然後從裡面抽出24根擺放在桌子上，琢磨一下，如何用這24根火柴棒，拼成14個正方形呢？

4．一道難題的誕生

難度 ★★★★　　　　所用的時間（　）秒　　　　答案見（165）頁

　　琳達是數學研究者埃米爾的女兒，今年三歲。這天她趁人不注意，將埃米爾放在桌子上的鐘錶範本拿起來，啪的一下摔在地上，碎成了五塊。埃米爾聽見聲響，趕緊從書房出來，先看了看琳達沒有受傷，鬆了一口氣。看見新買的水晶鐘錶範本被摔碎，很心疼。他一邊撿起範本，一邊發現，每個碎片上的數字之和分別是8、10、12、14和16。這個發現讓埃米爾欣喜若狂，他即刻將這個發現製作成了一道數學智力題。

　　第二天他將這個數學智力題交給他的同事們，同事們看了之後，感到不可思議：一塊鐘錶盤分成五部分，每部分數字相加之和為8、10、12、14、16，這不大可能呀！埃米爾公佈答案之後，同事們恍然大悟。

　　下面是一塊鐘錶錶盤的範本：

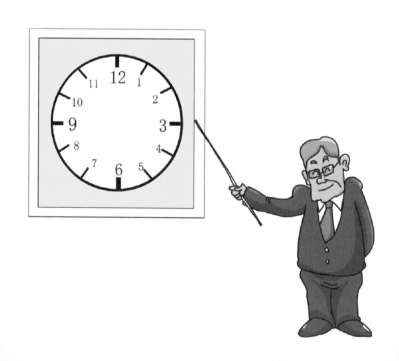

5 · 王爾德的葡萄園和楊樹林

　　英國著名劇作家王爾德的父親是一位外科醫生，母親是一位詩人兼作家，他們在鄉下有一片肥美的葡萄園，葡萄園的形狀怪異：

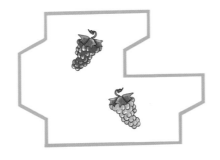

　　王爾德繼承了這塊葡萄園不久，要遷居外地。他要將這塊葡萄園做為義捐，平分給五家慈善協會。五家慈善協會接受葡萄園後，對如何平分大費腦筋。聰明的你不妨試一試，看如何將這塊葡萄園平分成五等份。

　　除此之外，王爾德還繼承了父親的楊樹林，楊樹林一共四千棵楊樹，分佈情況如下圖：

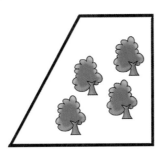

　　王爾德將這片楊樹林，也以義捐的形式，平分給四家醫學基金會，四家醫學基金會為了平分這片楊樹林，同樣傷透了腦筋。你不妨也幫醫學基金會劃分一下。

6·磨房主人的遺產

難度 ★★★   所用的時間（   ）秒   答案見（165）頁

一個磨房主人死後，留下了一塊L形的土地。
如圖：

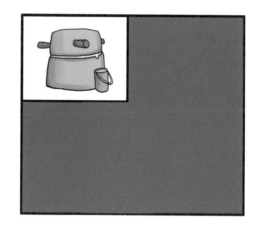

這塊土地呈正方形，磨坊佔去了其中的一角。磨房主人的遺言是，如果孩子們不能將留下的土地，按照同等形狀同等尺寸平分，那麼他們將失去這塊土地的繼承權，這塊土地就要歸自己的女兒所有。四個兒子要平分這塊土地，可是怎樣平分呢？這真是一個難題。如果請你出面，將那塊L形的土地分成了尺寸和形狀等同的四塊，你會怎樣劃分呢？

7·元始天尊的石子陣法

難度 ★★★★★　　　所用的時間（　）秒　　　答案見（166）頁

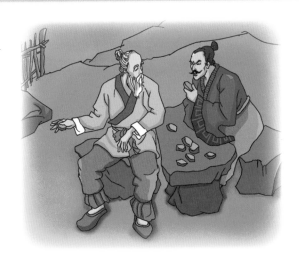

　　姜子牙和申公豹學藝成功之後，要辭別師父下山去了。元始天尊給兩人出了一道難題，讓兩個人準備好9個石子，在茅屋前的空地上將9個石子排列成10行，每行3個石子。

　　姜子牙和申公豹都是智者，元始天尊的這道題雖然難，卻難不倒兩人。半個時辰過去了，申公豹將石子排列完好，而姜子牙卻沒有排列成型。元始天尊准許申公豹下山，姜子牙繼續留在山上學習。

　　當天夜裡元始天尊問姜子牙：「你真的不會排列石子嗎？」

　　「弟子知道師弟心氣高傲，怕和他一起排列出來，惹他不高興。」姜子牙說。元始天尊聞言，暗自點頭，讓姜子牙排列好了石子，說道：「這裡面暗含兵法，我這就傳授給你。」

　　姜子牙精心攻讀，依著書上陣法，撿山上石子、樹枝在地上擺陣演練，終於成了卓越的軍事家。

　　聰明的你，能排列出來嗎？

8·威廉先生的麥田

難度 ★★★　　　所用的時間（　）秒　　　答案見（166）頁

　　農場主人威廉先生有一片正方形的麥田，麥田的四個角，分別栽種著四棵七人合抱的梧桐樹。

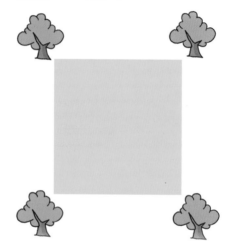

　　威廉先生總覺得自己的麥田有點小，擁有比現在大一倍的、同樣是正方形的麥田，一直是威廉先生的願望，可是，那四棵七人合抱的梧桐樹，是祖先留下來的，到他手裡，已經是第四代了。威廉先生一直認為，祖先的梧桐樹，能給他的麥田帶來好年景。事實上正是如此，威廉先生掌管農場十幾年，這塊麥田年年豐收。所以，在不砍伐梧桐樹的情況下，如何拓展麥田，讓威廉先生傷透了腦筋。

　　湯姆斯先生是一所大學的教授，也是威廉先生的好朋友。得知了威廉先生的苦惱後，湯姆斯教授給他指出了一套拓展麥田的方案。威廉先生一試，果然麥田增大了一倍。你知道湯姆斯先生的方法嗎？

9 · 老財主的身後事

難度 ★★★★　　　所用的時間（　）秒　　　答案見（166）頁

　　一個老財主，膝下有三個兒子，他去世後，給兒子們留下了一塊形狀奇異的萬頃良田：

　　三個兒子為了平分這塊土地，煞費了腦筋。當時有一位著名的數學家聽聞此事，富有興趣進行研究，終於成功將良田分為等量三份，而且形狀相同，你知道他是怎麼分的嗎？

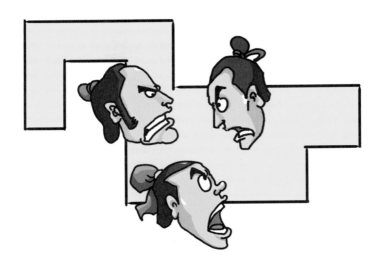

10‧蜘蛛俠的攀爬距離

難度 ★★★　　　　所用的時間（　）秒　　　　答案見（167）頁

　　法國一名高樓攀爬者，被業界譽為「蜘蛛俠」，成功攀爬過多座世界著名的摩天大樓。

　　這天他來到了上海浦東的金茂大廈，要進行一次全新嘗試。這次攀爬並不是垂直向上，而是走一個對角的路線。

　　請看下圖：他要從A點攀爬到G點，你能給他設計出最短路線嗎？

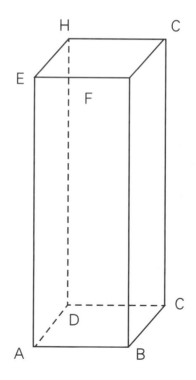

11．曹沖分田

　　大家都知道曹操的兒子曹沖秤象的故事。曹沖的聰明故事還不只於此，還有一段曹沖分田的傳說。

　　當年曹操將一塊萬頃良田，一筆劃給了魏國的六個王公大臣，讓他們回去自己平分。這塊良田形狀奇特，正方形的中間，是一個面積很大的楊樹林，楊樹林歸曹植所有，動不得。

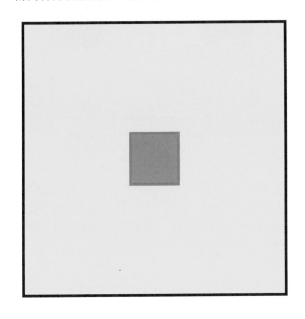

　　綠色區域是曹植的楊樹林，黃色區域是六家大臣的良田。如何平分這塊良田，六家大臣費勁了苦心。這天曹沖經過此地，略加思索，就將這塊田地平分成了六等份。你知道曹沖是怎樣平分的嗎？

12.進入幻境的魔鬼

難度 ★★★★★　　　所用的時間（　）秒　　　答案見（167）頁

　　我們不得不佩服羅格教授的聰明和幽默。他在黑板上畫了下面這個圖形：

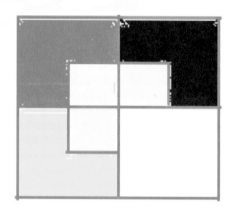

　　接著介紹道：「這是上帝設置的一個幻境，意在和魔鬼較量智慧。上帝為什麼要和魔鬼較量智慧呢？因為魔鬼誘惑亞當和夏娃偷吃禁果，魔鬼認為自己比上帝高明，比上帝有智慧。上帝不願意輕易用武力將魔鬼征服，就設置了這個魔域幻境。」

　　羅格教授停頓了一下：「這個魔域幻境是一個正方形，被分為四個小正方形，其中的三個小正方形被淡藍色的陰影所覆蓋。上帝對魔鬼說道：只要你能在一頓飯的工夫，將紅色區域平分成兩份、將黑色區域平分成面積相等的三部分；將黃色區域分成面積相等的四部分（不允許是三角形）；將白色區域分成面積相等的七部分（不允許是三角形），那麼你的智慧就高過我的智慧！」

　　魔鬼當然比不上上帝的智慧，所以他在一頓飯的時間內沒有成功解答這個難題。但我們人類卻有人的智慧比上帝高。據說世界上解答這道題的紀錄是七秒鐘。你不妨試一試，看在多少時間內能解出來。

13‧茱麗葉家的蘋果園

「你知道茱麗葉是怎樣愛上羅密歐的嗎？」克魯斯一邊在新開墾的蘋果林中勞動，一邊對前來送水的兒子西麥說。

「我知道，他們是在舞會上認識的。茱麗葉長的漂亮，舞跳的好。」西麥說。

「不不不，我可愛的孩子。愛情之路既曲折，又充滿了智慧。有一天，羅密歐到茱麗葉家做客，茱麗葉帶著羅密歐到她父親新開墾的蘋果林，兩個人在林中一邊散步，一邊竊竊私語。茱麗葉對羅密歐說：父親新開墾的這片蘋果林，一共栽種十一棵蘋果樹。他想用柵欄將蘋果樹隔起來，讓每塊土地上只有一棵蘋果樹。羅密歐聽了茱麗葉的話，仔細查看了一下地形，思考了一會兒，對茱麗葉說：我能用四條柵欄，將十一棵蘋果樹分成十一份。羅密歐的聰明，讓茱麗葉一見傾心，從此他們相愛了！」

克魯斯喝了一口水接著說道：「恰巧的是，茱麗葉家新開墾的蘋果林，和我這片蘋果林一模一樣。我親愛的孩子，你想娶一個像茱麗葉那樣的美人嗎？動動腦筋，幫爸爸將這十一棵蘋果樹用四條柵欄隔起來。」

西麥愛好圖形，喜歡思考，不一會兒就想出了一套方案，成功將父親的十一棵蘋果樹隔了起來。

克魯斯新開墾的十一棵蘋果樹如下圖：

你想不想遇到你生命中的白馬王子或者白雪公主呢？先將這道題完成吧！你一定會有一個好運氣的！

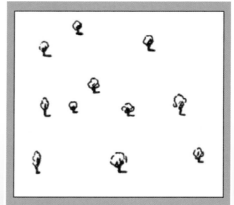

14・按要求分圖形

按照要求平分下面的圖形：

第一題：將下面的圖形分成大小和形狀相同的六等份。

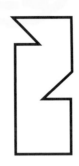

第二題：將下面圖形分成形狀和大小相同的七份。

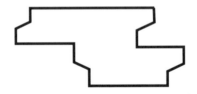

第三題：將下面的圓分成大小和形狀都相等的八份。

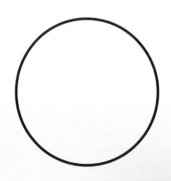

15 · 正方形大挪移

難度 ★★★★★　　　所用的時間（　）秒　　　答案見（168）頁

下圖中有16個火柴棒。

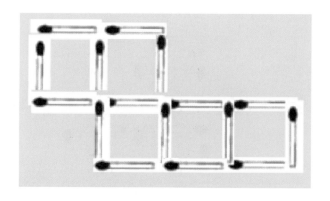

如果有興趣，拿出你早已準備好的火柴棒，或者棉花棒、牙籤棒，千萬別是擀麵棍。拼出下面的圖形後，任意挪動兩根火柴棒，讓下面的5個正方形，變成等面積的4個正方形。

看清要求：

①挪動後，火柴棒數量不變，還是16個；

②挪動以後不能出現零散情形。

16・正方形大縮水

難度 ★★★★★　　　所用的時間（　）秒　　　答案見（168）頁

　　13根火柴棒拼成如下圖形（每個邊都是一根火柴棒），其中包含著四個正方形：

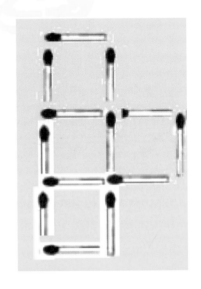

　　先將3根火柴棒移走，然後再移動2根火柴棒，使上述四個正方形變成兩個正方形。

17・等式中的火柴棒

難度 ★★★　　　所用的時間（　）秒　　　答案見（169）頁

　　想想看，如何用9根火柴棒擺成3個正方形和2個三角形？

18 · 設計公司的面試題

難度 ★★★★ 　　　所用的時間（　）秒 　　　答案見（169）頁

　　「我們要求員工有豐富的想像力，能夠用多角度、打破思維方式來處理問題。」面試官威爾遜先生，對前來面試的五名應徵者說道。

　　「請看投影片。這個長方形的紙板上，有五個點。我們的題目是，誰能將這五個點連起來，組成一個五角星，誰就有資格進入下一輪面試。」威爾遜先生說完，打開了投影機，投影片顯示出了下面這個圖像：

　　進入此輪面試的，都是智商很高的人。其中有四名面試者成功畫出了五角星，進入了下一輪面試。動動腦筋，看怎樣才能將五個點連起來畫成一個五角星。

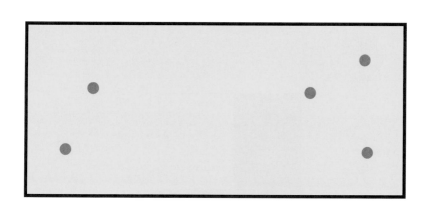

19‧觀察圖形 找出答案

難度 ★★★　　　所用的時間（　）秒　　　答案見（169）頁

　　以下A、B、C、D、E、F六個圖形，分別是面積相等的正方形。圖形A、B、C之間，具有一定的規律。請按照這個規律，在圖形D、E、F之中挑選出可以延續的選項。

圖形A

圖形B

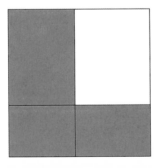

圖形C

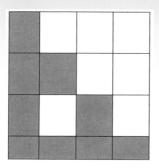

圖形D

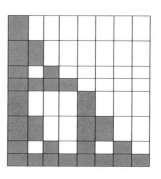

圖形E

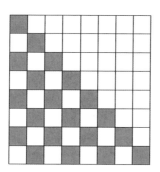

圖形F

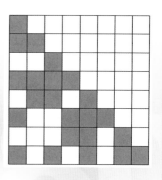

20·尋找連貫的數字

難度 ★★　　　所用的時間（　）秒　　　答案見（170）頁

　　請將你的心思放到最縝密的級別，然後解答下面這道觀察題。1、2、3、4、5，這五個數字繁亂地填充在下面的方格中，沒有規律可循。

　　31425這五個連貫的數字，在下面的方格中僅出現過一次。你能找出它們嗎？

3	2	3	1	3	1	2	4	5	4	2	3	1	2	4	5	4
4	1	4	3	1	4	2	1	2	3	4	5	2	3	2	1	2
5	2	5	5	4	2	1	5	3	1	4	2	1	4	1	5	3

```
                              3 5 4 1
                              4 2 1 2
                            2 4 4 3
                          1 1 3 5
                      5 3 1 4 1 4
                        2 4 2 3 5 2 1
                              2 1 5 5 3
                                    5 4 3 1
3 1                                 1 4 2 4
4 2 5 3                         4 2 1 3 1
1 4 2 5 3                     3 1 4 2 3
  2 1 4 3 1 3 1 4 3 5 4 1 3
    3 5 4 2 1 3 1 4 3 5 4 1 3
      2 1 5 3 4 2 5 1 4 2 5
        5 3 1 4 5 2 4 1 5
```

21・正方形的數量

　　下面的，每個邊是由四條相等線段組成。仔細看看，下面有多少個正方形？這道題要的是速度，要迅速答出來。

　　記得當初幾何老師給我們出這道題的時候，他反覆問我們想好了沒有。學生們提出的答案五花八門，從二十個到三十個，各種數量都有。

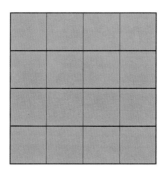

22・木匠的挑戰

　　如圖有一塊膠合板，上面有3個正方形的洞，木匠的任務是：把膠合板切成2塊，並使它們正好可以拼成一個沒有洞的矩形。那麼，你認為木匠會怎麼下手呢？

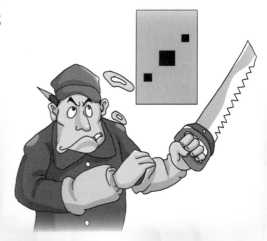

4

第四章
語言和數字遊戲

I · 形意詩裡面的相似意

　　和歐美人的開朗、直白所不同的是，中國人的個性偏向隱忍、含蓄，古人尤甚，尤其是在表達感情方面。

　　在古代，有一位少女，思念在邊塞戍邊的情郎哥哥，寫了一首形意詩，表達相思之情，其情之切，其寓之深，其形式之含蓄，無以復加。

　　你能破解這首會意詩裡面的相思意嗎？

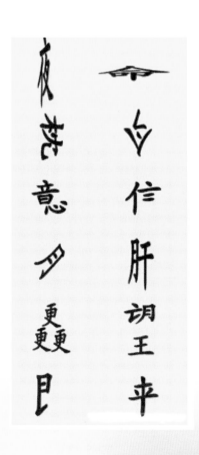

2 · 看字型說成語

難度 ★★　　　所用的時間（　）秒　　　答案見（171）頁

　　小學畢業快二十年了，一直懷念小學時代的國文老師。記得他給我們上課的時候，新鮮花樣特別多。比如學習成語，他總能想出一些有趣的方法，讓我們在趣味和玩耍中學到有益的知識。

　　一次上課的時候，他用一組相關聯的字型，教授我們三個成語，我至今還記憶猶新：

奏——春
疤——把
勁——氫

　　我們根據上面的字型，牢固地記住了三個成語。你知道這表示哪三個成語嗎？

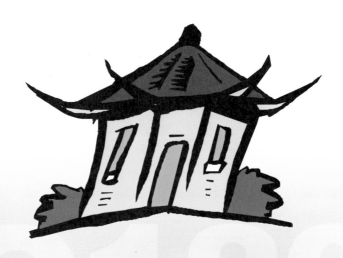

3．私塾的收費標準

難度 ★　　　所用的時間（　）秒　　　答案見（171）頁

清朝著名徽商胡雪巖十分熱心於慈善事業，他多次向直隸、陝西、河南、山西等澇旱地區捐款賑災。他還在家鄉建立了一座私塾，給當地孩子們讀書識字的機會。在私塾前面張貼著一張告示，上面寫著：

胡雪巖的私塾裡面，有富人家的子弟，也有窮人家的孩子。對於富人家的子弟，要收取一定數量的學費，而窮人家的孩子則可免費上學。上面的那個告示，分別表明了對窮人孩子和富人孩子的收費標準，分別有不同的讀法，你知道怎麼讀嗎？

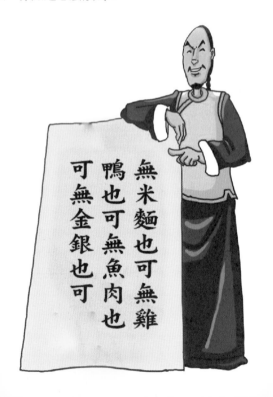

無米麵也可無雞
鴨也可無魚肉也
可無金銀也可

4‧選出正確的一句話

難度 ★★★　　　所用的時間（　）秒　　　答案見（171）頁

　　瑞士商業街在杜拜的帆船酒店舉行雞尾酒會，進行商業聯歡。參加酒會的一共101人，請問握手的次數是奇數還是偶數？下面給出了四個備選答案，選出正確的一個。

　　A.每個人必須和奇數個人握手。

　　B.每個人必須和偶數個人握手。

　　C.所有人和別人握手的次數的和必為偶數。

　　D.所有人和別人握手的次數的和必為奇數。

5‧看數字猜成語

難度 ★★　　　所用的時間（　）秒　　　答案見（172）頁

以下每組數字都暗指一個成語，你能猜得出來嗎？

（1）7/8

（2）2和5

（3）0000

（4）120——100

6・浴室老闆的對答

難度 ★★★　　所用的時間（　）秒　　　答案見（172）頁

　　有三個汪洋大盜，盜取了一顆珍貴的非洲名鑽。他們為了防止其中一個人將贓物獨吞，制訂了一個協議：「鑽石在沒有兌換成美鈔之前，必須由三個人同時保管。只有三個人都同意時，才可以取出鑽石。」

　　三個人為了妥善保管鑽石，既不敢放手讓一個人單獨保管，也不敢放入保險箱中。三個人日夜形影不離。這天，他們一起去浴室洗澡，將裝鑽石的盒子交給了浴室老闆，再三叮囑：必須三個人同時在場，才能交還盒子。

　　洗澡的時候，一名盜賊要去老闆那裡借一把梳子，問兩名同夥是否需要。盜賊到了老闆那裡，要索取盒子，被老闆拒絕了。盜賊高聲問道：「是你們讓我來取的嗎？」兩名盜賊認為是在詢問拿梳子的事，高聲回應：「是的。」老闆聽了，將盒子交給盜賊，盜賊帶著盒子逃走了。

　　泡在洗澡池等梳子的兩名盜賊，許久不見拿梳子的盜賊回來，感覺不妙，趕緊到老闆那裡取盒子。當得知盒子被取走時，兩人要求老闆賠償。老闆堅持說是徵得你們同意的，兩人說，即便徵得了我們的同意，但當初就說過需要三個人都在場才能取，為什麼我們兩人不在場，你就讓他把盒子取走了呢？兩名盜賊強令老闆交回盒子，僵持爭吵了好長時間，老闆忽然說：「盒子就在我這裡……」聽了老闆的話，兩名盜賊啞口無言，低頭走了。

　　你知道老闆是怎樣對答兩名盜賊的嗎？

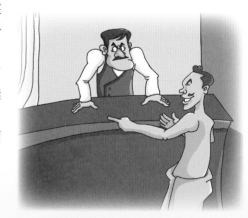

7 · 女招待遇到的怪旅客

難度 ★★★　　　所用的時間（　）秒　　　答案見（172）頁

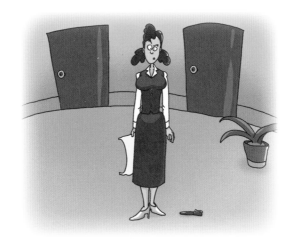

　　某五星級酒店的女招待徐麗今天遇到三名來自不同國家的怪旅客。

　　三個人之所以被徐麗當成「怪旅客」，是因為他們在酒店登記的國籍一欄裡面，填的國家都是地球上沒有的。第一個長相像中國人的男子，在國籍欄的最中間寫了一個「玉」字；第二名長相像韓國人的女士，看到前面的男子這麼填寫，拿著筆沉思了一會兒，在國籍欄中寫了兩個字「今天」。第三名男子則在國籍欄上寫了七個字「他們兩人都不在」，隨後三人一同上樓，各自進了自己的房間。徐麗被三個人的行徑弄得一頭霧水。

　　你知道三個人的國籍嗎？

8・尋找共同點

難度 ★★　　　所用的時間（　）秒　　　答案見（172）頁

下面的詞語，從表面上看來毫不相干，其實有著內在的關聯，你能找出來嗎？

第一組：好漢，魚，小溪，圍巾，板凳，新聞，槍。

第二組：灰塵，浪費，敵人，假貨，誤會，吃虧，疾病。

第三組：牙刷，鍋蓋，鞋墊，門閂，穀囤。

第四組：籃球，毛衣，圍牆，比方，針，啞謎，遊記。

9・大觀園裡的猜謎宴

難度 ★　　　所用的時間（　）秒　　　答案見（172）頁

八月丹桂飄香，紅樓十二釵在大觀園裡面的涼亭下坐定，品美酒，賞菊花。

林黛玉提議：「這酒喝的單調，不如我們猜謎助興如何？」說罷讓小廝拿來紙筆，在紙上寫下了八個成語，每個成語前面的字空著。

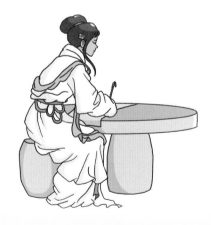

「填上空著的八個字，可以組成一句俗語，俗語裡面又是一個謎語，打我們其中一個姐妹的名字。」

林黛玉寫的成語如下：

(1)□逆之交 (2)□米下鍋 (3)□情逸致 (4)□手起家 (5)□如指掌 (6)□見多怪 (7)□富力強 (8)□重腳輕

你能填完整這八個成語，並且猜出謎底嗎？

10 · 找不同

難度 ★★　　　所用的時間（　）秒　　　答案見（172）頁

下面六組詞語數字，每組中有一個和其他不同，請你挑出來。

第一組：枷，椎，桉，朽。

第二組：貓，狗，牛，羊。

第三組：3，5，7，9。

第四組：小滿，小暑，小雪，小寒。

第五組：加拿大，墨西哥，新加坡，科威特。

第六組：一髮千鈞，一團漆黑，
　　　　　一錢不值，一波三折。

II · 總統的智慧

難度 ★★★　　所用的時間（　）秒　　　　答案見（173）頁

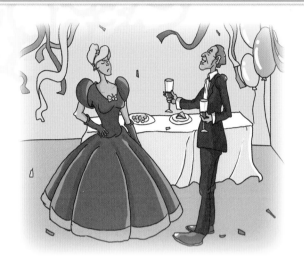

　　肯尼迪總統上任後，在家裡舉行了一場慶祝酒會，邀請了幾個好朋友。酒會上，肯尼迪總統對一位應邀而來的貴夫人說道：「親愛的，今天妳真漂亮！」沒想到貴夫人的丈夫，是肯尼迪的競選對手，這次落敗，夫婦兩人心有不甘。面對肯尼迪的讚美，貴夫人以為是肯尼迪在嘲弄她，她惱羞成怒，高傲地回應：「是嗎？我今天漂亮嗎？可惜我無法同樣稱讚你！」面對夫人的傲慢無禮，肯尼迪要是一言不發，就會在賓客面前喪失顏面，喪失一個新總統應有的權威；要是出言嘲諷，會失去一個男人的身分，給人造成小肚雞腸的印象。肯尼迪面帶微笑，緩緩轉過身，從侍者的托盤內拿起兩杯紅酒，遞給貴夫人一杯，以幽默委婉的口氣說了一句話，不僅給自己挽回了面子，也沒讓貴夫人過分難堪。

　　你能猜出肯尼迪總統是怎麼說的嗎？

12 · 方格裡面的打油詩

下面二十八個表格裡面的二十八個字，能用一條既不交叉、又不重複的線段連串起來。如果連對了，可以組成一首打油詩，並且回答詩中提出的問題，你不妨一試：

方	方	正	一	條	邊	要
大	一	正	每	你	隻	三
廳	椅	子	整	說	怎	樣
共	有	十	隻	應	該	放

13‧誰解斷腸謎

難度 ★★★　　　所用的時間（　）秒　　　答案見（173）頁

　　朱淑真是宋朝女詞人，大約1131年在世，江浙一帶人。相傳朱淑真所撰寫的詩詞，大多被父母燒毀，只留下為數不多傳世。《生查子》中「月上柳稍頭，人約黃昏後」，更是千百年來膾炙人口（現在有些學者認為該詩乃是歐陽修的作品）。

　　朱淑真有一本詩集名叫《斷腸集》，斷腸集中有一首詩名叫〈斷腸謎〉，寫的清麗婉轉、悽楚哀怨：

> 下樓來，金錢卜落，
> 問蒼天，人在何方？
> 恨王孫，一直去了，
> 詈冤家，言去難留。
> 悔當初，吾錯失口，
> 有上交，無下交。
> 皂白何須問，
> 分開不用刀。
> 從今莫把仇人靠，
> 千里相思一撇消。

　　這首斷腸謎，表達了自己哀怨的愁思。當時父母將她錯嫁給了市井小吏，對這樁強迫性質的婚姻，朱淑真十分不滿，卻又無力改變現狀，抑鬱成疾。在她寫完這首斷腸謎不久就去世了。

　　朱淑真的這首〈斷腸謎〉，每一句都是一個謎面，謎底一共十個字。你能猜得出來嗎？

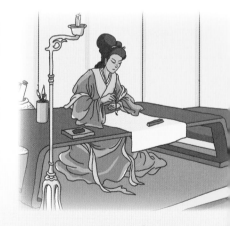

14・8字玄機

難度 ★★　　　所用的時間（　）秒　　　答案見（173）頁

　　數學研究所的楊華博士，這天接到妹妹的電話：「小飛也不知道從哪裡弄了一道智力題，8個8怎樣相加能等於1000。這幾天一放學就躲在房間畫呀畫。你說這孩子，是不是鑽牛角尖了？」

　　楊華笑了笑，說道：「小飛這不是在鑽牛角尖，這真是一道智力題。不過他才上小學三年級，這道題對他來說，是有點難度了。」

　　你能破解這道智力題嗎？

15・9的秘密

難度 ★★★　　　所用的時間（　）秒　　　答案見（173）頁

　　楊華幫外甥小飛破解了8字玄機後，小飛纏住了楊華：舅舅，我這裡還有一道智力題，把我的腦袋都想大了。4個9在什麼情況下相加等於100？

16・5的奧妙

難度 ★★　　　所用的時間（　）秒　　　答案見（174）頁

　　這天小飛在一本數學雜誌上看到一個思考題：運用加減乘除運算方式，使5個5的結果等於17。小飛冥思苦想無法解決，而舅舅楊華出差到外地去了，你能幫助小飛解答這道題嗎？

17・數字等式

難度 ★　　所用的時間（　）秒　　　答案見（174）頁

　　在123456789之間添加兩個減號和一個加號，使得它們的運算結果等於100。

18・簡單幻方

難度 ★　　　所用的時間（　）秒　　　答案見（174）頁

　　將1 2 3 4 5 6 7 8 9，分別填在下面的九宮格裡，橫列、豎排和斜邊數字之和都相等。

　　這是一個「幻方」數字題。所謂幻方，就是將N×N（N≧3，本題中就是3×3）個數字放入N×N（本題中3×3個方格）個方格內，使方格的各行、各列及對角線上各數字之和相等。

　　本題是一個最簡單的幻方，也被稱為三階幻方。

　　除了3×3的三階幻方之外，還有5×5的五階幻方、7×7的七階幻方，如此類推，總稱奇數階幻方。除了奇數幻方外，還有四階幻方、六階幻方等偶數幻方。

　　幻方也稱魔方，起源於中國。宋朝有一位數學家楊輝，稱其為「縱橫圖」。

19．五階幻方

難度 ★★　　　所用的時間（　）秒　　　答案見（174）頁

　　將1到25，分別填在下面的方格裡，橫列、豎排和斜邊數字之和都相等。

　　中國是發明幻方規律最早的國家，早在西元前500年就發明了幻方；600多年後的西元130年，當中國的幻方日趨成熟的時候，希臘人塞翁才發現了幻方規律，但也僅僅是一個概念而已。

2O · 很有可能完成的等式

難度 ★★★　　　所用的時間（　）秒　　　答案見（174）頁

好多看似不可能的事情，只要思路對了，其實是很簡單的。關鍵是「定向思維」朦蔽了你的智慧之光。準備好了嗎？手指沾取唾沫，捅破那層「定向思維」的窗戶紙，將你的思維解放出來吧！

請看下面兩個等式：

$$0＋8＋4＋2＋3＝17$$

$$5＋7＋9＋1＋6＝28$$

如何移動一個數字，使兩個算式的和都相等呢？

21·三藩市機場的神秘表格

難度 ★★★★　　所用的時間（　）秒　　　答案見（175）頁

　　國際刑警組織在三藩市機場，截獲了一個可疑男子，男子隨身攜帶的雜誌中，夾帶著一張紙，上面繪製著一張11×11的表格（見下圖），附帶填充提示。警員按照填充提示將表格上的數字填滿後，表格中橙色區域的7位數字，正是三藩市博物館保險箱密碼！原來，這個男子試圖竊盜保險箱文物，剛下機就被擒獲了。

1			2		3		4			5
			6							
7		8					9	10		
				11		12				
	13		14		15		16			
	17									
18										19
20			21		22		23			
			24							
25						26				

　　你有興趣知道三藩市博物館的保險箱密碼嗎？請看下面的要求填入上圖：

橫向：

1，220加橫向4（提示：橫向1和橫向4是四個表格，都是一個四位
數。我們假定橫向4是1111，那麼橫向1就是1331）

4，縱向21乘4

6，橫向23乘10

7，橫向1減200

9，橫向1加4

13，橫向6加666581666

17，橫向13的一半

20，橫向23減6238

23，170000的5%

25，橫向26減1

26，數列715、814、913的下一個數字

縱向：

1，縱向4乘10

2，22的平方

3，100加縱向4

4，橫向26的前三位數

5，4404加縱向2

8，縱向10減4999

10，433277乘5

11，26033加縱向23

12，縱向11減10096

14，60加縱向15

15，375769的平方根

16，縱向11的第二、三、四位數

18，199加橫向26

19，911加橫向25

21，縱向22減357

22，369664的平方根

23，193加縱向22

22．巧移火柴棒

難度 ★★★　　　所用的時間（　）秒　　　答案見（175）頁

準備一些火柴棒，開始下面的遊戲。用火柴棒拼出下面「等式」：

$$93+27-30+16=68$$

每一小節代表一根火柴棒，比如9是用六根火柴棒拼成的，8是用七根火柴棒拼成的。移動一根火柴棒，使「等式」成立。

23．不等式裡面的數字挪移

難度 ★★★★★　　　所用的時間（　）秒　　　答案見（175）頁

請看下面這個錯得離譜的「等式」：

62-63＝1

如何巧妙地移動一個數字，使上面的這個「等式」變成符合數學常規的等式。

請你記住：前提是只能移動6、2、3、1中的一個數字，而不是兩個數字，更不是符號。

曾經有人將後面等號中的一橫，移到前面減號下面，使上面的「等式」變成了：

62＝63-1

等式成立了，但不符合前提。

據說這是國內某大學電腦系博士面試考試題目，特別訓練一個人的思維能力。這個題目很有魔力，男博士做出來，能找到心儀的女孩；女博士做出來，能有一個幸福的家庭。

看在美好前景的份上，開動你的腦筋吧！

24・有趣的數字

有些數字有著奇妙的規律。看看下面的等式，你能找到怎樣的規律，而不藉助計算機或者其他形式的運算，將等式後面的結果寫出來嗎？

$22 \times 55 = 1210$

$222 \times 555 = 123210$

$2222 \times 5555 = 12343210$

$22222 \times 55555 =$

$222222 \times 555555 =$

$2222222 \times 5555555 =$

25 · 填數字

難度 ★　　　所用的時間（　）秒　　　答案見（176）頁

　　削尖鉛筆，準備好橡皮擦和幾張白紙，啟動你的腦筋，按照要求將下面的空格填滿：

　　（1）表格中已經填充了五個數字。

　　（2）塗黑方塊的表格，不必填寫。

　　（3）所填入的數字已經全部給出，請參照。

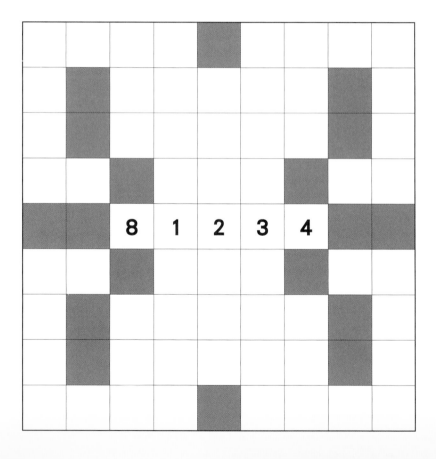

兩位數字：
17
35
70
98

三位數字：
147
279
914
386
825
623

四位數字：
2240
3049
3681
4257
5326
7502
7987
9366

五位數字：
19282
24617
50109
81234（已填充）
98936

七位數字：
6182492

九位數字：
140311890
410637389

26・找規律

| 難度 ★★★ | 所用的時間（　）秒 | 答案見（176）頁 |

　　拿出紙筆，啟動腦筋。你能否找出五個連貫的數字，使它們的和等於485？

27・數字推理

| 難度 ★★★★★ | 所用的時間（　）秒 | 答案見（176）頁 |

　　括弧裡面應該填上什麼數字？每道題提供了四個備選答案：

（1）7，14，17，21，27，（　）
A.28 B.30 C.32 D.35

（2）1.01，2.02，3.04，5.08，（　）
A.7.12 B.7.16 C.8.10 D.8.12

（3）1，3，2，5，9，（　）
A.31 B.24 C.44 D.37

（4）1，2，3，7，46，（　）
A.2109 B.1289 C.322 D.147

28 · 數字排列

難度 ★★　　　所用的時間（　）秒　　　答案見（177）頁

　　下面這個表格，分為橙、白、黃、灰和藍五部分。將1、2、3、4、5分別填入，每行、每列和每部分中的數字，只能出現一次。

	1			2
5				
		4		
2				3

29 · 排列算式

難度 ★★　　　所用的時間（　）秒　　　答案見（177）頁

　　請看下面的一組算式，你能找出其中的規律，將？部分的數字填上嗎？

$$1—36$$
$$5—72$$
$$17—180$$
$$21—?$$

30 · 問號代表的數字

難度 ★★★　　　所用的時間（　）秒　　　答案見（177）頁

好多不相干的事情，其實都是有規律的。請看下面的這一組數字：

8 9 12 21 48 ☐

它們之間有什麼內在規律？如果讓你往下延續，48後面的表格中應該填上什麼數字呢？

31 · 添加後面的數字

難度 ★★　　　所用的時間（　）秒　　　答案見（177）頁

按照前面的數字排列後面的數字：

38，49，62，77，☐

數字之間的規律，你能歸納出來嗎？

32・空格裡面的數字

難度 ★★★★★ 　　所用的時間（ 　）秒 　　答案見（178）頁

看看這個表格裡面的數字有什麼規律，將空格的數字填上。

8	0	2	7	8
7	3	7	6	6
5	0	3	4	7
4	1	8	3	3
3	3		2	9

33・排列數字

難度 ★★ 　　所用的時間（ 　）秒 　　答案見（178）頁

2，3，5，9，17，☐

後面應該是什麼數字？

34・填入運算符號

難度 ★　　　所用的時間（　）秒　　　答案見（178）頁

在下面的數字之間，填上＋、－、×、÷，使算式成立。

$$6 \quad 3 \quad 9 \quad 6 = 21$$
$$4 \quad 4 \quad 2 \quad 3 = 21$$
$$3 \quad 5 \quad 10 \quad 4 = 21$$

35・思維的翅膀

難度 ★★　　　所用的時間（　）秒　　　答案見（178）頁

一些單純的數字，如果藉助思維的翅膀，可以變幻出令人意想不到的結果。比如1、2、3，應該是最簡單的數字了，你能用它們組合出最大的數字嗎？

36．填入下面的方格

難度 ★　　　　所用的時間（　）秒　　　　答案見（178）頁

　　下面的方格中，除了加減乘除符號外，還有九個空白方格。請將1～9數字，填入下面的空白方格中，使橫列、豎排的等式成立。

　　看好下面的要求：

　　（1）空白方格內的數字不許重複。

　　（2）按照運算符號的順序進行運算，而不必遵循「先乘除、後加減」的運算規則。

	+		÷		=2
÷		+		×	
	+		−		=5
+		−		−	
	×		÷		=6
=6		=6		=9	

37・十字架上的挑戰

難度 ★★　　　　所用的時間（　）秒　　　　答案見（179）頁

下面的方格中，包含著好多個十字架。每個十字架由五個小正方形組成（參見方框中的白色區域）：

請將下面的數字，填入上面的表格：1，2，3，4，5，6，7，8，9，10，11，12，31，48，51，51，61，74，109，121，181，**399**，427，462，1469。

看清下面的要求：

（1）數字399已經填好了。

（2）每個十字架上的五個數字，最上端的數字，是下面四個數字之和。比如：

B＝F＋E＋I＋G
A＝C＋F＋E＋H
E＝H＋G＋K＋L

38 · 幾組有趣的數獨遊戲

難度 ★★★　　　所用的時間（　）秒　　　答案見（179）頁

　　數獨遊戲是數學智力遊戲的一種，發源於十八世紀的瑞士，在美國和日本發展壯大。數獨遊戲雖然使用數字，但不需要數學知識，玩法簡單，深受大眾喜愛。

　　數獨遊戲的結構：

　　由九九八十一個方格組成一個大正方形，大正方形中包含了九個九宮格。大正方形中給出了幾組數字，讓遊戲者根據已有的數字填入空白空格。

　　數獨遊戲的遊戲規則：

　　第一，所有數字必須是1～9之內的數字。

　　第二，每行、每列上面的數字不許重複。

　　第三，每個小九宮格之間的數字不許重複。

　　研究者認為，常玩數獨遊戲，可以訓練一個人的記憶力和邏輯思維，增強大腦的清晰度。

　　下面提供了幾個數獨遊戲，你不妨一試。

數獨題一：

4		7						1
6				7	5			2
	2		5	4			7	
9	6			3				
			6		4			
			8				9	3
	8			7	9		6	
1		4	2					9
3					7			8

數獨題二：

				7		6		
1		9		3		7		
	8		6				2	
2				8		3		
	4		9		3		8	
		7		2	6			9
	1				9		4	
		3		6		5		8

數獨題三：

3				9		6		7
					1		9	
	7					2	8	
		2	3	4				
	8	4				7	1	
				1	6	9		
	2	3					6	
	4		1					
9		5		3				8

數獨題四：

5								
2		6	3					4
8		7		1		9	5	
	2				4			5
				9				
6			1				4	
	9	1		8		5		6
4					3	2		1
							8	

數獨題五：

1			3	5	8			7
		9				1		
	7			9			8	
8			4		9			6
6		4				8		9
5			8		3			4
	6			3			9	
		2				3		
7			9	2	5			8

39 · 填充下面的數字

難度 ★★　　　　所用的時間（　）秒　　　　答案見（182）頁

第一道填充題：

在下面的方框中填上1~8這八個數字，使得每條線段之間的數字之差不能為1。

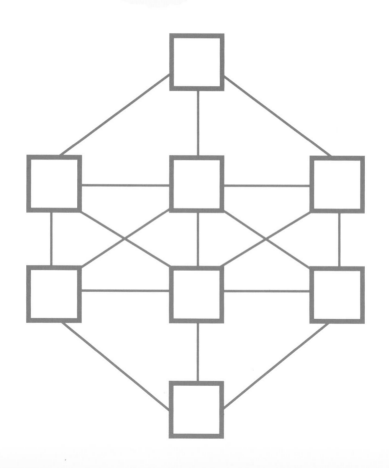

第二道填充題：

看看下列圖形，最後一個圖形的空格裡面應該填入什麼數字：

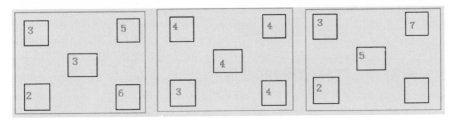

第三道填充題：

看圖形，找出規律，為問號部分填上一個合適的數字。

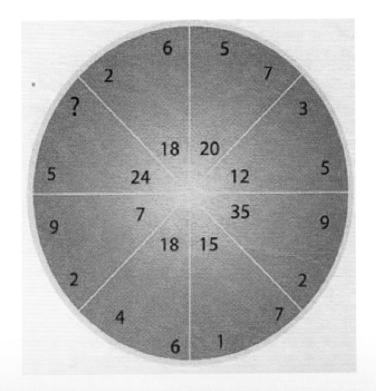

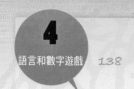
40·巧猜數字

難度 ★★★　　　所用的時間（　）秒　　　答案見（182）頁

有一個數字符合下面幾個條件：

第一，位於99和999之間。

第二，是一個數的平方，也是某個數的立方。

第三，數字的首位數和末位數是5、7或者9。

你能根據上面的條件，猜出這個數字嗎？

解

解答

發散思維遊戲解答

1、死囚犯的選擇

答案：老死。

2、加勒比海海域中的無聲爭鬥

答案：

最重要的是從後面往前推理：

第一：5號

5號海盜是最安全的，因為他絕對沒有被扔下大海的危險，所以他的策略十分簡單，前面的海盜最好都死光，他就可以獨霸那100枚鑽石了。

第二：4號

如果1、2、3號的方案都沒有通過的話，留下了4號和5號。無論4號提出怎樣的分派方案，5號一定投反對票。即便4號處於討好5號，將100枚鑽石全部分給5號，5號為了消除隱患，也會持反對意見，將4號扔進大海。所以，4號的生存機會完全取決於前面的人是否活著，他只有支持3號才能保全性命。

第三：3號

4號和5號的心理狀態，3號是很清楚的。假如1號和2號的方案沒有通過，他會提出「100，0，0」的分派方案。他知道，即便4號得不到一枚鑽石，也會無條件地支持自己，投上自己一票，再加上自己的那一票，使得分派方案順利通過。

第四：2號

2號透過推理，知道了3號的方案。他直接放棄3號，分派給4號和5號各一枚鑽石，以期獲得兩人的支持，因為他的分派方案和3號相比，能給4號和5號帶來更大的益處。這樣，他就能成功得到98枚鑽石了。

第五：1號

1號同樣推理到了2號的分派方案。他直接放棄2號，分派給3號一枚鑽石，以期得到3號的支持；他再分派給4號或者5號兩枚鑽石。這樣，

1號海盜的分派方案和2號相比，能給3號海盜、4號或者5號海盜帶來更大的利益，進而獲得他們的支持。

　　1號海盜的分派方案分別是：

　　97，0，1，0，2；

　　或者：97，0，1，2，0。

　　這樣，1號的方案獲得通過，輕鬆分走了97枚鑽石。

　　5名海盜的分派方案見下表：

	1號強盜	2號強盜	3號強盜	4號強盜	5號強盜
1號強盜方案A	97	0	1	2	0
1號強盜方案B	97	0	1	0	2
2號強盜方案		98	0	1	1
3號強盜方案			100	0	0
4號強盜方案				0	100
5號強盜方案					100

　　所以，這道題的標準答案就是表中海盜1所列出的A或者B分派方案。

3、老人打來的急救電話

答案：

　　警局出動的警車，到第四街區後拉開警笛。因為科尼斯的電話還沒有掛斷，假如警車經過該地，馬森就能從電話中聽到警笛的鳴叫，然後通知路過該地的警車，尋找窗內有亮光的人家。

4、希律王制訂的生死規則

答案：

　　先將石子從①挪到②的位置，也就是處在棋盤的對角線位置上。輪到對手挪動的時候，因為不允許對角線方向移動，所以他必須將石子挪離對角線；輪到你第二次移動的時候，能將石子再次移動到對角線位置。這樣，你始終佔據對角線位置，也就能首先到達END的方格，進而獲勝。

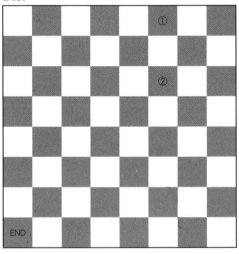

5、生死門

答案：

　　隨便找一個守衛問：「如果我問另一個人這兩道門哪個是生門，哪個是死門，他會怎樣回答？」假如囚犯問的是說真話的人，說真話的人一定會站到說假話人的角度上，將生死兩道門顛倒；假如囚犯問的是說假話的人，說假話的人也會將生死兩道門顛倒。所以無論問哪一個人，得到的回答都是和真實情況相反的。他只要走出那道「死門」，就能求生。

6、海難中的選擇

答案：

船長讓三十名船員排成一圈，波斯人的數字是1、2、3、4、10、11、13、14、15、17、20、21、25、28、29；而希臘人所處的位置是5、6、7、8、9、12、16、18、19、22、23、24、26、27、30。

7、要命的椰子

答案：

你先拿4顆，他拿n顆，你再拿6－n顆，依此類推，保證你能得到第100顆椰子。(1<＝n<＝5)

解題思路：

1、我們不妨逆向推理，如果只剩6顆椰子，讓對方先拿，你一定能拿到第6顆椰子。理由是：如果他拿1顆，你拿5顆；如果他拿2顆，你拿4顆；如果他拿3顆，你拿3顆；如果他拿4顆，你拿2顆；如果他拿5顆，你拿1顆。

2、我們再把100顆椰子從後向前按組分開，6顆椰子一組。100不能被6整除，這樣就分成17組；第1組4顆，後16組每組6顆。

3、這樣先把第1組4顆拿完，後16組每組都讓對方先拿椰子，自己拿完剩下的。這樣你就能拿到第16組的最後一顆，即第100顆椰子。

8、牧師與野蠻人

答案：

可以這樣渡河：一名牧師和一個野蠻人過河；留下野蠻人，牧師返回；兩個野蠻人過河；一個野蠻人返回；兩名牧師過河；一名牧師和一個野蠻人返回；兩名牧師過河；一個野蠻人返回；兩個野蠻人過河；一個野蠻人返回；兩個野蠻人過河。

9、洪水來臨之前

答案：

在解這道題的時候，很多人採取的策略是讓特警隊員A拿著手電筒來回護送。假如這樣的話，無論怎樣組合，也無法在三十分鐘內走完木

橋。假如我們打破思維慣性，採取逆向思維，這道題也就有了突破口了：

第一步：A與B過橋，A回來，耗時4分鐘。

第二步：A與C過河，B回來，耗時9分鐘。

第三步：D與E過河，A回來，耗時13分鐘。

最後，A與B過河，耗時3分鐘，總共耗時29分鐘。

10、暴風雨之夜

答案：

老人快要死了，應該先救她，儘管她和自己沒有任何瓜葛；女醫生救過自己的命，而且還維繫著醫院另一個人的性命，似乎也不能怠慢；女郎是自己的夢中情人，關係著自己一生的幸福，也不能置之不理。

要命的一輛車，只能載客一人，這的確是個兩難選擇。

這曾經是一家大公司的一道面試題，在數百名應徵者中，只有一人答出了合理答案：將車鑰匙給女醫生，讓女醫生載著年老的女病人到醫院，自己留下來陪女郎。

這個智力題還蘊含著一些人生的道理：車鑰匙代表我們每個人的財富、地位等優勢。假如我們善於放棄，我們或許會得到更多。

11、奇異國的電梯

答案：

其實這是一個用8和11配對，求算1到19各數字的問題。

聰明人需要按照下面順序，就能到達各個樓層撿奇異果了：

0-8-16-5-13-2-10-18-7-15-4-12-1-9-17-6-14-3-11-19。

12、老鼠的死亡賽道

答案：

老鼠跳100次後正好能在10公尺長的跑道上往返一次。貓要跑完10公尺的距離，需要多跑出0.2公尺，因為貓跳33次之後正好完成9.9公尺，所以牠必須再多跳一次。因此，貓需要跳68次才能往返一次。而在老鼠跳100次的時間內貓只能跳66次，所以結果是老鼠獲勝。

13、火海逃生

答案：

守夜人、他的夫人、女兒與狗可以按照以下順序逃離火海：

(1) 降下女兒。

(2) 降下寵物狗，升上女兒。

(3) 把女兒從籃子裡抱出來，降下守夜人，升上小狗。

(4) 取出小狗，降下女兒。

(5) 降下小狗，升上女兒。

(6) 降下女兒。

(7) 降下老婆，升上守夜人、女兒和狗。

(8) 降下女兒。

(9) 降下小狗，升上女兒。

(10) 降下女兒。

(11) 降下守夜人，升上小狗。

(12) 降下小狗，升上女兒。

(13) 降下女兒。

14、通緝犯過橋

答案：

尼森利用了哨兵的時間差。

他在橋北岸用望遠鏡觀察到了哨兵巡察的規律。當哨兵探視後，尼森急忙上橋前行了七分鐘，這時候已經通過了哨卡，然後轉身往甲國走。一分鐘後哨兵再次窺探，看到尼森從乙國方向走向甲國，喝令他返回。這樣尼森順利地從甲國到了乙國。

15、如何擺渡

答案：

需要17次才能將所有人擺渡到對岸。

方法如下：

(1) 威爾先生和威爾夫人過河。

(2) 威爾先生駕船返回。

(3) 威爾先生帶一名女士過河。

(4) 威爾先生帶威爾夫人返回。

(5) 威爾先生帶另一名女士過河。

(6) 威爾先生獨自返回。

(7) 另外兩名男士過河。

(8) 一名男士和他的夫人返回。

(9) 威爾先生和威爾夫人過河。

(10) 另一名男士和他的夫人返回。

(11) 兩名男士過河。

(12) 威爾先生獨自返回。

(13) 威爾先生帶一名女士過河。

(14) 威爾夫婦返回。

(15) 威爾先生帶一名女士過河。

(16) 威爾先生獨自返回。

(17) 威爾夫婦過河。

至此，整個旅行團都順利擺渡過河。

數學計算遊戲解答

1、豆腐西施的精湛刀法

答案：

一張白紙上，如果沒有一條直線，就是一份；畫上一條直線，白紙就成1＋1＝2份；畫上兩條直線，白紙就分成了2＋1＋1＝4份；畫上三條直線，白紙就分成了3＋2＋1＋1＝7份……

依此類推，1999條直線就是1999＋1998＋1997＋-------＋2＋1＋1＝1999001份

2、秤金幣

答案： 只需秤一次。

解題思路：

從第一個袋子裡拿出1個硬幣，從第二個袋子裡拿出2個硬幣，從第三個袋子裡拿出3個硬幣，然後將這6個硬幣放在一起秤。如果總的重量是305克，那麼第一個袋子裝的顯然是假幣；如果是310克，那麼第二個袋子裝的就是假幣；如果是315克，那就意味著第三個袋子裝的是假幣了。

3、海島上的榮譽航行

答案：

島國的周長是200海里。兩艘艦艇同時出發，四十海里後護送艦將燃燒剩下的一半燃料給新艦艇，然後返航。護送艦重新裝好燃料後，反向迎接燃料即將燃淨的艦艇，這時候艦艇離出發地點還有四十海里。護送艦將燃料的一半再裝到新艦艇上，兩艘艦艇一起返回出發點，上面的燃料正好用完。

4、瓊斯太太家的保險箱密碼

答案：

瓊斯太太家保險箱的新密碼是8721。

計算方法如下：假設舊密碼是ABCD，倒寫而成的新密碼就是DCBA。已知新密碼是舊密碼的4倍，所以A必須是個不大於2的偶數，即A等於2；4xD的個位數若要為2，D只能是3或8；只要滿足：4x（1000xA＋100xB＋10xC＋D）＝1000xD＋100xC＋10xB＋A

經計算可得D：8，C：7，B：1，所以新密碼是8712，正好是舊號碼2178的4倍。這個題只能有這一種答案。

5、牛頓的謎題

答案：8天。

解題思路：

雖然好像只是單純的比例計算而已，但牧草被吃掉後還會再長，所以不會這麼順利。

關於單位面積，假設放牧前的牧草量，牧草一天的生長量都一樣，而每頭牛每天吃的牧草數量也都一樣。

將每一英畝放牧前生長的牧草量設為u，一天長出的量設為v，一頭牛一天吃牧草的量設為w的話，

$2u + 16 \times 2v = 16 \times 9w$ ……(1)

$3u + 10 \times 3v = 10 \times 18w$ ……(2)

將(1)× 3－(2)× 2，

$36v = 72w$

$\therefore v = 2w$

將之代入(1)，求出u＝40w。

接著將問題中的天數設為t，

$5u + t \times 5v = t \times 35w$

將u＝40w代入後，

$200w + 10tw = 35tw$

$\therefore t = 8$（天）

6、陶淵明的菊花

答案：第48天。

7、遊戲亞軍的成績

答案：

　　高峰得了89分，成功過了23個關口，有三道關口破解錯誤。從51分到88分，每一種得分都可以由不同形式組成，如51分。可以是答對13道題，答錯1道題，也可以是答對14道題，答錯5道題……而89分只有一種可能。

8、紅與黑

答案：56秒。

9、史密斯夫人的難題

答案：

　　史密斯夫人應分得1000元，兒子分得2000元，女兒500元。這樣，法律就完全得到實現了，史密斯夫人所得的恰是兒子的一半，又是女兒的2倍。

10、主持人的神奇速算

答案：

　　小秘密就是這十個數字之和等於第七個數字的11倍。只要將第七項數字乘以11，就能準確說出十個數字的相加之和。

　　這個規律被稱為「斐波那契數列」，斐波那契數列的發明者是義大利著名數學家列昂那多・斐波那契。

11、巫婆的金幣

答案：4枚。

12、逃犯分私鹽

答案：

第一次秤重：天平（棗木棍）一端是兩個總共9斤重的秤砣，稱出9斤私鹽。

第二次秤重：天平一端的重量是：9斤私鹽＋7斤秤砣＝16斤私鹽。

這樣兩次秤重下來，就有了25斤私鹽。

第三次秤重：用25斤私鹽量出另外25斤私鹽，這樣就湊足了50斤，剩下的也就是90斤了。

13、卓別林上樓梯

答案：

上了四層樓，其實是三層的路程，所以每層的時間是16秒。走完八層樓，一共用了112秒。

14、最聰明的科技專家

答案：

把26個螺絲釘分為三組，兩組各9個，一組8個。

將兩組9個的螺絲釘在天平上第一次秤重，會出現平衡和不平衡兩種情況。

如果天平平衡，則要找的螺絲釘在剩下的8個裡面。從8個中拿出6個，一邊3個進行第二次秤重，如果重量一樣，則要找的螺絲釘在另外兩個裡面，那麼可以進行第三次秤重，找出螺絲釘；如果重量不一樣，那麼要找的螺絲釘一定在較重的三個裡面。從較重的三個裡面拿出任意兩個進行第三次秤重，如果天平平衡，那個沒有秤重的螺絲釘就是要找的；如果不平衡，較重的那個就是了。

如果第一次秤重不平衡，那麼所尋找的螺絲釘就在較重的9個裡面。將這9個螺絲釘分成3份，一份3個，任意挑選兩組，進行第二次秤重，然後根據平衡與否，進行第三次秤重，步驟和上面相同。

15、冷飲店來了大肚漢

答案：最多喝40瓶汽水。

計算如下：一開始20瓶沒有問題，隨後的10瓶和5瓶也都沒有問題，接著把5瓶分成4瓶和1瓶，前4個空瓶再換2瓶，喝完後2瓶再換1瓶，此時喝完後手頭上剩餘的空瓶數為2個，把這2個瓶換1瓶繼續喝，喝完後把這1個空瓶換1瓶汽水，喝完換來的那瓶再把瓶子還給人家即可，所以最多可以喝的汽水數為：20＋10＋5＋2＋1＋1＋1＝40

16、阿里巴巴的金條

答案：

分兩刀將金條切成三份，依次為整個金條比例的1/7、2/7、4/7。

第一天給工匠1/7的那一根金條。

第二天給工匠2/7的那一根金條，收回1/7的那根。

第三天給工人再給1/7的那一根金條。

第四天給工人4/7的那一根金條，收回1/7和2/7那兩根。

第五天給工人1/7的那根金條。

第六天給工人2/7的那根，收回1/7的那根金條。

第七天：給1/7的那根金條。

17、李逵喝酒

答案：

（1）裝滿一大酒舀子酒倒入小酒舀子中，然後將小酒舀子中的酒倒掉，大酒舀子中剩下的兩碗酒倒入小酒舀子中。

（2）大酒舀子再次裝滿酒，將大酒舀子中的酒倒入小酒舀子，小酒舀子酒滿。這樣大酒舀子中就剩下四碗酒了。

18、駱駝的悲鳴

答案：

45分鐘。加蓋火印是為了區別駱駝，所以最後一隻駱駝就不需要加蓋火印了。

19、球賽比分

答案：

共進行了兩場比賽，中國隊對日本隊的比分為4：3。中國隊對巴西隊的比分為2：2。

解題思路：

因為是單循環賽，所以兩隊間不可能賽兩場。日本隊得3分，只輸；巴西隊得7分，沒贏；顯然這兩隊並未比賽。比賽只進行了2場：日本隊輸給了中國隊，而中國隊得21分，又不可能勝兩場，所以中國隊與巴西隊踢平。巴西隊得7分，故進了2球；與中國隊比賽是2：2平。那麼中國隊在和日本隊的比賽中得了14分，進了4個球，所以比分是4：3。

20、賽車的速度

答案： 96公里。

計算過程：

我們假定松本每段賽程為200公里，跑完四段賽程所用的時間分別為：$200 \div 200 + 200 \div 150 + 200 \div 100 + 200 \div 50 = 25/3$。全程公里數為800公里，所以平均速度是$800 \div 25/3 = 96$公里。

21、長跑運動員的速度

答案：

無論他跑多快，也無法達到時速12公里。因為時速12公里跑完全程需要半個小時，而在前面8公里路程中，他的時速是4公里，已經將半個小時的時間佔用完了。

22、小彼得和父親的算術遊戲

答案：

小彼得確保沒寫的一組數字中，每個相對應的數字和父親的數字相加之和是9，那麼，四組數字相加就是19999998，在父親寫第三組數字的時候，小彼得只要用20000000加上父親的第三組數字，然後再減去2，就能得到五組數字的正確相加結果。

23、實習生的待遇

答案：4800元。

計算過程：

橋本一郎七個月應得的報酬是（6000÷12＋一台電腦的價格÷12）×7。他工作七個月應該得到人民幣3500元，另外2000元購買了十二分之五的電腦。這樣算來，十二分之一的電腦價格是400元。

24、酒鬼比拼

答案：這群酒鬼一共有6個人。

解題思路：

隨著人數的減少每次被分到的酒都會增加，三次喝完，最後一次被分到的酒最多，則最後一次必須大於一瓶子的1/3，人數必須是正整數，所以最後一次只能是被分到1/2，則第二次喝的必須大於1/4並且不能大於1/2，只能是1/3。所以一共是6個人。

25、龜龜賽跑

答案：不能同時到達。

計算過程：

甲龜到達10公尺終點線時，乙龜才跑到9公尺，說明甲乙速度比是10：9，甲龜跑到終點的時候，乙龜跑了11×（9/10）＝9.9公尺，所以甲龜還是先到終點。

26、將軍的貓

答案：

貓的跑動速度要超過每小時十英里，才有機會跳下履帶求生。

27、林紓的算術能力

答案：一共有1392個。

計算過程：

一位數有9個，兩位數有90×2＝180個，三位數有401×3＝1203個，共有1392個。

28、難倒眾人的算式

答案：(5－1÷5)×5＝24。

29、魯智深的佛珠

答案：108顆。

30、撲克牌

答案：

假設A組中的黑牌數為x，那麼A組中的紅牌數為26－x，紅牌一共26張，所以B組中的紅牌數為26－（26－x）＝ x。

可以看出A組中的黑牌數和B組中的紅牌數x始終相等。所以有1000次。

31、貨架上的罐頭

答案：7罐。

32、農夫的遺產

答案：15頭牛。

33、設計師的報酬

答案：

三個人同時完成設計任務，每個人需要工作三天。每個人每天的報酬應該是三百塊錢。張潔多做了一天，王麗多做了兩天，所以張潔應得三百塊錢，王麗應得六百塊錢。

34、機智的人口普查員

答案：

三個年齡相乘後的組合	相加之和為門牌號碼
72×1×1	72
36×2×1	39
18×4×1	23
9×4×2	15
9×8×1	18
6×6×2	14
8×3×3	14
12×6×1	19
12×3×2	17
18×2×2	22
6×3×4	13
3×24×1	28

漢斯身為人口普查員應該知道門牌號碼，但不知道年齡，因此門牌號碼是14。他需要更多的資訊以決定到底是應該採用6、6、2的組合還是8、3、3的組合。當聽見這位婦女說「大女兒」時，他就知道應該是8、3、3了。

35、快樂的皇帝

答案：

每隔420天，七個妃子能一同會面侍奉皇帝。

我們首先設定一個起點，這個起點是第一個妃子侍奉皇帝的夜晚，而當夜也是七個妃子一起侍奉皇帝的。從那個時候起，所經歷的天數，必定是2、3、4、5、6、7的最小公倍數。

36、風中飛翔的燕子

答案：

我們可以從兩方面解答這道題。

由於風速不變，燕子在順風時候的推力，和逆風時候的阻力是相同的，人們很容易想到燕子在有風和無風情況下，所用的天數相同。但是，這種認知是錯誤的。假定燕子在無風狀態下從南方到北方需要五天

時間，再從北方到南方也需要五天時間。在有風天氣下，燕子從南方到北方是順風而行，所用時間比五天要少；從北方到南方是逆風而行，所用天數比五天要多。我們可以看出，燕子大部分的時間是在逆風中飛行的，所以燕子在有風但風速不大的情況下，所用天數要比無風天氣多。

　　如果我們按照數學計算的方法來計算和比較一下，結果會更加明瞭：

　　假定燕子的速度為V，南方到北方的路程為S。

　　無風天氣下燕子往返南北方所用的時間為：2S/V。

　　有風天氣下燕子往返南北方所用的時間為：（S/A＋a）＋（S/A-a）＝2VS/V的平方-a的平方。

　　兩相比較，就可以看出哪個用的天數多了。

37、塞翁的財產

答案：

　　每匹馬3600文，每頭牛2800文，每隻羊1600文。

38、懷特小姐的金錶

答案：C。

　　懷特小姐所快的兩分鐘，是在「鬧鐘比標準時間慢」的基礎上快的，所以算下來還是比標準時間慢。有興趣的話可以列一個數學算式比較一下。

39、現在幾點了？

答案：9：36。

　　新上司和龐德打招呼「早安」，說明當時的時間是上午。如果沒有這個前提，下午的7：12同樣也是一個正確的答案。

40、飛機比火車快多少？

答案：23倍。

41、王亞樵的菸頭

答案：74根。

第一次接菸之後，抽完剩下的菸頭還可以再接，多次利用。

42、有線台的收視率

答案：

不看電影但喜歡看肥皂劇的觀眾佔21%；10%的觀眾只看肥皂劇；觀看電影和紀錄片但不看肥皂劇的人佔18%；8%觀眾只看電影；53%觀眾觀看其中的兩類節目；只看其中一類節目的觀眾佔21%。

43、史上最早的數學選拔賽

答案：13個強盜，83匹布。

44、格列佛的衣服

答案：大約需要三百個裁縫師。

格列佛身高是小人國的人身高的十二倍，但體表面積則是小人國的12x12倍，也就是144倍，用的布料也就相當於一個小人國的人的144倍。一個裁縫師給小人國的人縫製一套衣服需要兩天，那麼花兩天時間給格列佛縫製一套衣服需要大約150個裁縫師，工期縮短到一天，需要增加一倍的人力，所以需要大約三百個裁縫師。

當然這僅僅是從數學意義上計算的。

45、錶針重合的次數

答案：

第一次重合：1點5又5/11分；
第二次重合：2點10又10/11分；
第三次重合：3點16又4/11分；
第四次重合：4點21又9/11分；
第五次重合：5點27又3/11分；
第六次重合：6點32又8/11分；

第七次重合：7點38又2/11分；

第八次重合：8點43又7/11分；

第九次重合：9點49又1/11分；

第十次重合：10點54又6/11分；

第十一次重合：12點。

解題思路：

在十二點正點的情況下，時針和分針是重合的。接著，分針走動，和時針分開。時針走一圈，分針走十二圈。所以兩者的速度比是1：12。所以，在一個小時內分針和時針是不可能重合的。

一個小時以後，時針處在一點鐘的位置上，也就是轉了一圈的十二分之一。從起點十二點到現在指向的一點，時針運動了一個三十度的角。而分針正好處在十二點的位置上，正好轉動了一圈。分針滯後時針三十度。

假如將時針和分針設想成兩個人競走比賽，就比較具體了。時針雖然走得慢，但以目前而言，領先分針三十度。分針要想趕上時針，就要將滯後的三十度拉回來，所需要的時間肯定要少於一小時。已經知道兩者的速度比是1：12，亦即分針的速度比時針大11倍，那麼，兩個指針要過1/11小時，亦即60/11＝5又5/11分鐘時再次重合。

由此可以推知，在12小時之內，兩針發生重合的次數將是11次。第11次重合將發生在第一次重合以後的第12小時，亦即發生在12點整。換句話說，在第11次重合時，兩針又回到了第一次重合的位置上，以後就將按照這個規律週而復始地運轉下去。

46、罐子裡面的污染藥

答案：

克萊恩博士吩咐助手們，從每個編號的藥箱，取出與編號相同的藥丸，比如5號箱子取5個藥丸，10個藥箱一共取55個藥丸。博士將55個藥丸放在天平上。按照正常重量，55個藥丸是550毫克。多出0.1毫克，說明1號藥箱是污染藥；同理，多出1毫克，則10號藥箱是污染藥品。

47、小猴子運香蕉

答案：

第一、小猴子首先帶50根香蕉往前走17公尺，每走一公尺吃掉一根香蕉，然後再放下一根，這樣，走完17公尺後，小猴子手中剩下的香蕉是：50－17×2＝16根。

第二、小猴子往回返的同時，將放在路上的17根香蕉吃掉。

第三、小猴子帶上剩下的50根香蕉再往前走17公尺，吃掉17根香蕉，這時候小猴子身邊的香蕉是： 50－17＋16＝49。

第四，小猴子帶著49根香蕉，走完剩下的33公尺，手中剩下的香蕉是43－33＝16根。

所以，猴子最多能往家裡搬16根香蕉。

48、竹簍裡面的蛇

答案：

第一個竹簍裡面放1條蛇；

第二個竹簍裡面放2條蛇；

第三個竹簍裡面放4條蛇；

第四個竹簍裡面放8條蛇；

第五個竹簍裡面放16條蛇；

第六個竹簍裡面放32條蛇；

第七個竹簍裡面放64條蛇；

第八個竹簍裡面放128條蛇；

第九個竹簍裡面放256條蛇；

第十個竹簍裡面放489條蛇。

這樣分配，買蛇人任意挑選哪個數量的蛇，都能從竹簍裡面搭配出來。這是從數學意義上來解析這道題的，現實生活中並不適用。因為買主買蛇的數量是隨機的。比如第一個人買了一隻蛇，第二個人也要買一隻蛇，那麼賣蛇人的妻子還要用手拿蛇，才能將蛇賣出去。

49、郭嘯天的遺產

答案：

將財產平分五份，其中兩份給郭靖，兩份捐獻給大宋難民，一份給穆念慈。

50、小琳娜的手套

答案：

第二種情況更容易發生。

這涉及到數學機率的問題。我們將二十隻手套配對（注意，是配對而不是配雙），一共有190種情況。 十雙手套編號成1～20，在紙上寫下編號。和編號1相配對的情況一共是19種；和編號2配對的情況一共是18種，然後依次看和3配對的情況、和4配對的情況等等，會得到下面這個算式：

$$19+18+16+15+14+13+12+11+10+9+8+7+6+5+4+3+2+1=190$$

其中配成一雙的有十種情況。由此看來，第二種情況發生的可能性是第一種情況的18倍。這說明第二種情況更容易發生。

51、牧羊人過關

答案：兩隻。

52、阿納斯塔西婭猜想

答案：

阿納斯塔西婭說數字低於500顯然是撒謊，因為首位數無論是5、7或9的三位數，都大於500。在99和999之間唯一一個平方數和立方數的末位數是5、7或9的數字是729。

53、祖沖之速算

答案：

副樑價格是白銀0.5錢，三根主樑價格是白銀1.05兩。

54、怕老婆的大老闆

答案：

原本要晚回家半個小時，卻晚了22分鐘。這說明車子少走了8分鐘。這8分鐘是車子的往返路程，折合成單程也就是4分鐘。也就是布朗先生走了4分鐘的車程。

車子從家裡駛出，到和布朗先生相遇的地點，其實是走了26分鐘。這個時間也就是布朗先生所走路程的時間。換言之，也就是布朗先生用了26分鐘，走完了4分鐘的車程。

55、缺失的數字

答案：

勃朗特只要利用棄九法來檢驗一下所做的乘法即可。

第一個數（被乘數）的各位數字之和為32，而3＋2＝5，第二個數（乘數）的各位數字之和是27，而2＋7＝9。

$5 \times 9 = 45$

45的各位數字之和為9，乘積中能夠識別的各位數字之和為28，而2＋8＝10，最後得出1。由此判定缺失的那個數字一定是8，因為1＋8＝9。

棄九法的原理基於以下事實，10的任何次冪除以9，餘數為1。這就是40，400，4000，40000等數除以9時，餘數統統都是4的道理。把一個十進位數字的各位數字相加就擠掉了其中隱含的10的冪，只剩下除以9之後的餘數，而這些餘數與原先那些被除的大數遵循同樣的乘法規律。

56、囚犯的座位

答案：2519個囚犯。

57、百公尺衝刺

答案：

如果你的答案是「甲領先20公尺取勝」，那就錯了。甲和乙的速度之差是百分之十，乙和丙的速度之差也是百分之十，但以此得不出結

論：甲和丙的速度之差是百分之二十。如果三個人在一起比賽，當甲到達終點時，乙落後甲的距離是100公尺的百分之十，即10公尺；而丙落後乙的距離是90公尺的百分之十，即9公尺。因此，如果甲和丙比賽，甲將領先19公尺。

58、提升工資

答案：

乍看之下，第一個方案好像對員工比較有利。但實際上，第二個方案才是有利的。

第一個方案（每年提高500元）

第一年 10000＋10000＝20000元

第二年 10250＋10250＝20500元

第三年 10500＋10500＝21000元

第四年 10750＋10750＝21500元

第二個方案（每半年提高125元）

第一年 10000＋10125＝20125元

第二年 10250＋10375＝20625元

第三年 10500＋10625＝21125元

第四年 10750＋10875＝21625元

59、裝黑豆的袋子

答案： 重40公斤的袋子裡裝著黑豆。

解題思路：

第一個顧客買走了一袋30公斤和一袋36公斤的黃豆，一共是66公斤。第二個顧客買了132公斤的黃豆——32公斤、38公斤和62公斤的袋子。這樣，現在就只剩下40公斤的袋子原封不動，因此，它肯定是裝著黑豆。

60、忙碌的狗

答案：

要算狗每次在甲乙之間跑了多少公尺很麻煩，此題可以採用「直

算」法：要計算狗的路程，知道速度，那麼還需要時間。時間是多少呢？就是甲乙兩人相遇所花的時間，甲乙兩人相遇所花的時間就是路程1000公尺除以甲乙速度之和100公尺/分鐘，即10分鐘，那麼，狗跑的路程就是速度100公尺/分鐘乘以時間10分鐘，為1000公尺。

這道題甚至可以這麼想：反正狗與兩個人用的時間一樣多，而且速度是兩個人之和，那麼，兩個人共走了多少路程狗就跑了多少路程，兩人共走了1000公尺，那狗就跑了1000公尺。

61、梨子賣虧了

答案：

考慮方法上並沒有什麼錯誤，但3＋2＝5這樣組成一組，要賣60個，只可能組成10組能賣掉，而那時便宜的梨子賣完了，剩下的10個梨子都是貴的。如果仍按照5個200日元賣，由於他的失誤而造成的100日元損失就從這裡產生了。

幾何圖形遊戲解答

1、王婆賣瓜

答案：分切後如下圖，中間一塊西瓜前後都有皮：

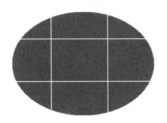

2、分解方格

答案：

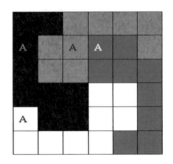

3、小火柴裡面的「玄機」

答案：

一共有9個正方形（每個小正方形的邊，就是一根火柴棒）。9個小正方形合成一個大正方形；左上角的1245、右上角2356、左下角4578和右下角5689分別是四個正方形。這樣加起來，正好是14個正方形了。

1	2	3
4	5	6
7	8	9

4、一道難題的誕生

　　答案：

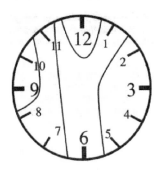

5、王爾德的葡萄園和楊樹林

　　答案：

　　葡萄園平分成五份如下圖：

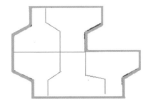

　　楊樹林平分成四份如下圖：

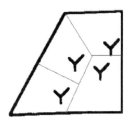

6、磨房主人的遺產

　　答案： 可以做以下分割即可。

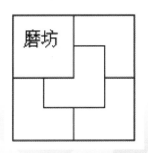

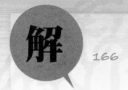

7、元始天尊的石子陣法

　　答案：排列後的石子參見下圖：

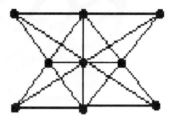

8、威廉先生的麥田

　　答案：

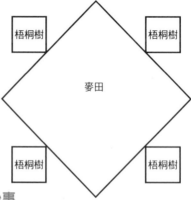

9、老財主的身後事

　　答案：

　　分成之後如下，紅色區域一份，黑色區域一份，剩下的是另一份。
三份等形等量。

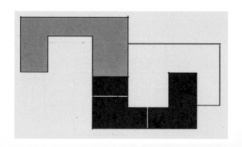

10、蜘蛛俠的攀爬距離

答案：

最簡短的路線是從A點到M點，再到G點，請見右圖：

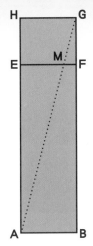

11、曹沖分田

答案：

曹沖的劃分方法如右，每種顏色代表一份：

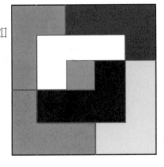

12、 進入幻境的魔鬼

答案：按要求分解後如下：

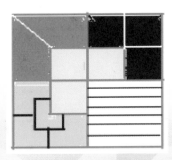

13、茱麗葉家的蘋果園

答案： 四條柵欄將蘋果樹隔成了11份：

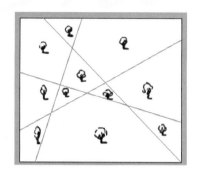

14、按要求分圖形

第一題答案：　　　　第二題答案：　　　　第三題答案：

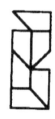　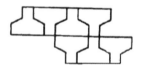

15、正方形大挪移

答案： 挪動後的圖形如下：

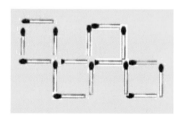

16、正方形大縮水

答案： 移動後的圖形如下：

將左圖中最上端的三根紅色火柴棒移走，然後將圖中間兩個綠色火

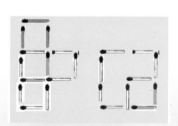

柴棒，移到右圖的位置，就形成了一個大正方形裡面套著一個小正方形的形狀。

17、等式中的火柴棒

答案： 擺成後的圖形如下（每條邊代表一根火柴）：

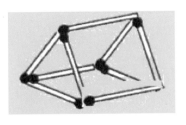

18、設計公司的面試題

答案： 將長方形的紙捲起來，這樣就很容易了：

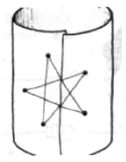

19、觀察圖形 找出答案

答案： 圖形D。

圖形A是一個正方形，去掉了右上角四分之一，形成了圖形B；圖形B由三個正方形組成，每個正方形去掉了右上角的四分之一，形成了圖形C。依此類推，圖形C的九個正方形，都去除右上角的四分之一，形成的圖形正是圖形D。

20、尋找連貫的數字

答案：

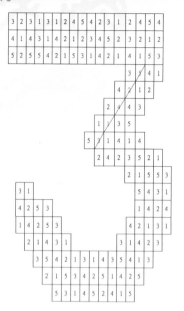

21、正方形的數量

答案：一共有三十個正方形。

我們設定最小正方形的邊長為1，則

邊長為1的正方形有16個；

邊長為2的正方形有9個；

邊長為3的正方形有4個；

邊長為4的正方形有1個。

22、木匠的挑戰

答案：

先沿著圖1中的虛線切割，然後，將上面那塊板向下滑動，使它挪到左邊，這樣便可以得到一塊實心板。如圖2所示。

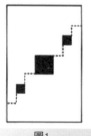
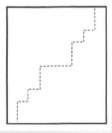

圖1　　　　　　圖2

語言和數字遊戲解答

1、形意詩裡面的相似意

答案：

這首形意詩裡面的相思意——「長夜橫枕意心歪，月斜三更門半開。短命倒今（到今）無口信，肝長（腸）望斷無人來。」

2、看字型說成語

答案： 這三個成語分別為：偷天換日，手到病除，有氣無力。

3、私塾的收費標準

答案：

窮人：無米麵也可，無雞鴨也可，無魚肉也可，無金銀也可。

富人：無米，麵也可；無雞，鴨也可；無魚，肉也可；無金，銀也可。

4、選出正確的一句話

答案： 應該選C。

這個題目存在語言陷阱。一般人看到這個題目，首先會想到是不是必須和每個人握手。如果打破這個語言陷阱，就可以採取排除法來進行選擇。每個人不一定和在場的其他所有100個人握手，握手的次數完全取決於個人意願，所以A和B就可以排除；剩下的C和D，還是一個語言陷阱。一般人不仔細看題，會理解成是一個人和其他的100個人握手。認真看好題目，抓住「所有人和別人握手」這個核心。比如甲乙兩人握手，對甲而言是握了一次手；對乙而言，也是握了一次手。在甲乙兩個人的範圍內「所有人和別人握手」的次數是兩次，也就是偶數。依此類推，「所有人和別人握手的次數」總和必然為偶數。

5、看數字猜成語

答案：

這些成語分別是七上八下、丟三落四、四大皆空、一念（音同廿，意思是二十）之差。

6、浴室老闆的對答

答案：

「盒子就在我這裡，既然需要三個人在場才能取盒子，那你們將那個人叫來，我就將盒子交給你們。」

7、女招待遇到的怪旅客

答案：

第一個男子是中國人。國籍欄最中間寫一個玉字，框內有玉是為國，中國；第二名女士是日本人，今天就是本日的意思；第三名男子是葉門人，他們兩人都不在，他們各去掉人字旁就是「葉門」。

8、尋找共同點

答案：

第一組都可以用「條」來計算。

第二組都是越少越好。

第三組倒過來讀正好是該物品的用途。

第四組都可以「打」。

9、大觀園裡的猜謎宴

答案： 莫等閒白了少年頭，謎底是惜春。

10、找不同

答案：

第一組朽，木字放下面組不成字。

第二組貓，不是十二生肖。

第三組9，不是質數。

第四組小滿，二十四節氣中沒有大滿與之相對應；而小暑有大暑相對應，小雪有大雪相對應，小寒和大寒相對應。

第五組加拿大，國名和首都不同名；其他三個名稱，既是國家，又是該國首都。

第六組一波三折，前兩個字和後兩個字對調後不是成語。

11、總統的智慧

答案：「假如您像我一樣善於說假話就行了。」

12、方格裡面的打油詩

答案：

打油詩為：「方方正正一大廳，共有椅子十隻整，每一條邊要三隻，你說應該怎麼放？」

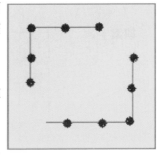

一個大廳，十張椅子，大廳四個邊，每個邊上放三張椅子，你說應該怎樣放呢？請看右圖：

圖中的紅線是大廳的四個邊，紅線上的每個小點，各代表一張椅子。

13、誰解斷腸謎

答案：一、二、三、四、五、六、七、八、九、十。

14、8字玄機

答案：$888＋88＋8＋8＋8＝1000$

15、9的秘密

答案：$99＋9/9＝100$

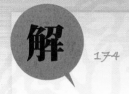

16、5的奧妙

答案：$(55+5)\div5+5=17$

17、數字等式

答案：$123-45-67+89=100$

18、簡單幻方

答案：

8	1	6
3	5	7
4	9	2

19、五階幻方

答案：

17	24	1	8	15
23	5	7	14	16
4	6	13	20	22
10	12	19	21	3
11	18	25	2	9

20、很有可能完成的等式

答案：

將下面算式中的「1」，移到上面算式中任何一個數字的前面，使之成為兩位數。兩個算式的和都是27。

21、三藩市機場的神秘表格

答案：

1	2	2	4		2		1	0	0	4
0			8	5	0	0	0			8
1	0	2	4		1		1	2	2	8
0		1		2		1		1		8
	6	6	6	6	6	6	6	6	6	
		1	7	8	1	7	8	6		
	3	3	3	3	3	3	3	3	3	
1		8		4		8				2
2	6	6	2		6		8	5	0	0
1			5	3	0	0	0			0
1	0	1	1		8		1	0	1	2

22、巧移火柴棒

答案： 53＋27-30＋18＝68

23、不等式裡面的數字挪移

答案：

在常人的定向思維中，看到挪移，首先想到的是水平左右移動。假如打破思維定勢呢？將62中的6，挪到2的右上方，就成了2的6次方。2的6次方等於64，64-63＝1。

24、有趣的數字

答案：

22222×55555＝1234543210

222222×555555＝123456543210

2222222×5555555＝12345676543210

25、填數字

答案：

3	6	8	1		4	2	5	7
0		2	4	6	1	7		9
4		5	0	1	0	9		8
9	8		3	8	6		1	7
		8	1	2	3	4		
7	0		1	4	7		3	5
5		9	8	9	3	6		3
0		1	9	2	8	2		2
2	2	4	0		9	3	6	6

26、找規律

答案：這些數字分別是95、96、97、98、99。

27、數字推理

答案：

（1）A。這是一個明七暗七的思維遊戲。明七就是題目裡面的7、17、27；而暗七就是七的倍數了，比如14、21，依次順延，就是28了。（2）B。整數部分為質數，小數部分為前一項的兩倍；（3）C。我們從第三個數字開始看起：2＝1×3－1；5＝2×3－1；9＝2×5－1。由此得出的規律是每一個數都是它前面的兩項相乘再減一。（4）A。3等於2的2次方減1；7等於3的2次方減2；46等於7的2次方減3。得出的規律是，第二項的平方減去第一項就等於第三項。

28、數字排列

答案：

4	1	3	5	2
5	3	2	4	1
1	2	4	3	5
3	5	1	2	4
2	4	5	1	3

29、排列算式

答案：162。

（1＋3）×9＝36，依此類推，（21＋3）×9＝216

30、問號代表的數字

答案：

這道題考驗的是人們對數字規律的認知。

9＝(8-5)×3

12＝(9-5)×3

21＝(12-5)×3

48＝(21-5)×3

我們得出的規律是：前一個數字減去5，然後再乘以3，也就是後一個數字。48後面的數字是（48－5）×3＝129。

31、添加後面的數字

答案：

49-38＝11

62-49＝13

77-62＝15

每個數字減去它前面的數字，所得的差值是有規律的。所以依此類

推為94、113、134。

32、空格裡面的數字

答案：4。

左邊兩位數，減去右邊兩位數，正好是中間的數字。

33、排列數字

答案：33。

每個數字乘以2，然後減去1。

34、填入運算符號

答案：

$6 \times 3 + 9 - 6 = 21$

$4 \times 4 + 2 + 3 = 21$

$3 \times 5 + 10 - 4 = 21$

36、思維的翅膀

答案：3的21次方。

35、填入下面的方格

答案：

2	+	8	÷	5	=2
÷		+		×	
1	+	7	—	3	=5
+		—		—	
4	×	9	÷	6	=6
=6		=6		=9	

37、十字架上的挑戰

答案：

			1469			
		427	462	399		
	74	121	181	109	61	
8	12	51	51	48	6	5
	3	7	31	4	2	
		10	9	11		
			1			

38、幾組有趣的數獨遊戲

答案：

數獨題一：

4	5	7	9	2	6	8	3	1
6	3	9	8	1	7	5	4	2
8	2	1	5	4	3	9	7	6
9	6	8	7	3	2	4	1	5
5	1	3	6	9	4	2	8	7
7	4	2	1	8	5	6	9	3
2	8	5	3	7	9	1	6	4
1	7	4	2	6	8	3	5	9
3	9	6	4	5	1	7	2	8

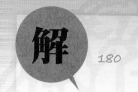

數獨題二：

3	5	2	4	9	7	8	6	1
1	6	9	8	3	2	7	5	4
7	8	4	6	1	5	9	2	3
2	9	6	1	8	4	3	7	5
5	4	1	9	7	3	6	8	2
8	3	7	5	2	6	4	1	9
6	1	8	3	5	9	2	4	7
4	2	3	7	6	1	5	9	8
9	7	5	2	4	8	1	3	6

數獨題三：

3	5	1	2	9	8	6	4	7
2	6	8	4	7	1	3	9	5
4	7	9	5	6	3	2	8	1
1	9	2	3	4	7	8	5	6
6	8	4	9	2	5	7	1	3
5	3	7	8	1	6	9	2	4
8	2	3	7	5	4	1	6	9
7	4	6	1	8	9	5	3	2
9	1	5	6	3	2	4	7	8

數獨題四：

5	9	3	7	4	8	6	1	2
2	1	6	3	5	9	8	7	4
8	4	7	2	1	6	9	5	3
1	2	9	8	3	4	7	6	5
3	7	4	6	9	5	1	2	8
6	8	5	1	2	7	3	4	9
7	9	1	4	8	2	5	3	6
4	6	8	5	7	3	2	9	1
5	3	2	9	6	1	4	8	7

數獨題五：

1	4	6	3	5	8	9	2	7
3	8	9	2	4	7	1	6	5
2	7	5	1	9	6	4	8	3
8	2	3	4	1	9	7	5	6
6	1	4	5	7	2	8	3	9
5	9	7	8	6	3	2	1	4
4	6	8	7	3	1	5	9	2
9	5	2	6	8	4	3	7	1
7	3	1	9	2	5	6	4	8

39、填充下面的數字

第一道填充題答案：

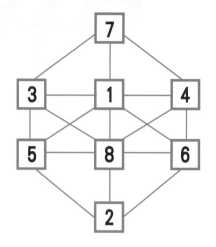

第二道填充題答案：方框內應該填8。在每個圖形中，中間的數字
等於上面2個數字的乘積減去下面2個數字的乘積。

第三道填充題答案：問號部分應該填4。將每一格外圈的兩個數字
相乘，將乘積放入內圈順時針隔開2格的位置。

40、巧猜數字

答案：在99和999之間，唯一一個平方數和立方數末位數符合上面
條件的，只有數字729。

全世界都在玩的有趣數學題

亨利‧恩斯特‧杜德耐◎著　定價250元

☆近100年來英國人最心愛的智力娛樂書籍。

☆入選2005年BBC電視台「影響英國人生活的100本圖書」。

☆已經被翻譯成十多國文字，流傳全世界將近100年。

☆估計全世界已經有兩千多萬人讀過這本書。

☆彩色圖文搭配，從八歲到八十歲都咸宜。

國家圖書館出版品預行編目資料

全世界都在玩的智力遊戲 / 腦力&創意工作室編著.
第一版——臺北市：宇河文化出版；
紅螞蟻圖書發行, 2009.3
面； 公分. ——（新流行；17-18）

ISBN 978-957-659-704-6（上冊；平裝）
ISBN 978-957-659-705-3（下冊；平裝）

1.益智遊戲
997 98000509

新流行 17

全世界都在玩的智力遊戲（上）

編　　著 / 腦力&創意工作室
美術構成 / Chris' office
校　　對 / 周英嬌、朱慧蒨、楊安妮
發 行 人 / 賴秀珍
榮譽總監 / 張錦基
總 編 輯 / 何南輝
出　　版 / 宇河文化 出版有限公司
發　　行 / 紅螞蟻圖書有限公司
地　　址 / 台北市內湖區舊宗路二段121巷28號4F
網　　站 / www.e-redant.com
郵撥帳號 / 1604621-1　紅螞蟻圖書有限公司
電　　話 / (02)2795-3656（代表號）
傳　　真 / (02)2795-4100
登 記 證 / 局版北市業字第796號
數位閱聽 / www.onlinebook.com
港澳總經銷 / 和平圖書有限公司
地　　址 / 香港柴灣嘉業街12號百樂門大廈17F
電　　話 / (852)2804-6687
新馬總經銷 / 諾文文化事業私人有限公司
新 加 坡 / TEL：(65) 6462-6141　　FAX：(65) 6469-4043
馬來西亞 / TEL：(603) 9179-6333　　FAX：(603) 9179-6060
法律顧問 / 許晏賓律師
印 刷 廠 / 鴻運彩色印刷有限公司
出版日期 / 2009年3月　第一版第一刷
　　　　　 2010年7月　第一版第二刷

定價240元　港幣80元

ISBN 978-957-659-704-6　　　　　　　　Printed in Taiwan